本书由
中央高校建设世界一流大学（学科）
和特色发展引导专项资金
资助

中南财经政法大学"双一流"建设文库

长 | 江 | 经 | 济 | 带 | 系 | 列 |

PPP 会计研究：理论与实践

曾小青　著

中国财经出版传媒集团

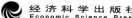

经济科学出版社
Economic Science Press

图书在版编目（CIP）数据

PPP 会计研究：理论与实践/曾小青著 . —北京：经济科学
出版社，2019. 12
（中南财经政法大学"双一流"建设文库）
ISBN 978 - 7 - 5218 - 1147 - 6

Ⅰ. ①P… Ⅱ. ①曾… Ⅲ. ①基本建设会计 Ⅳ. ①F285

中国版本图书馆 CIP 数据核字（2019）第 287232 号

责任编辑：孙丽丽 撖晓宇
责任校对：李 建
版式设计：陈宇琰
责任印制：李 鹏

PPP 会计研究：理论与实践

曾小青 著

经济科学出版社出版、发行 新华书店经销
社址：北京市海淀区阜成路甲 28 号 邮编：100142
总编部电话：010 - 88191217 发行部电话：010 - 88191522
网址：www. esp. com. cn
电子邮件：esp@ esp. com. cn
天猫网店：经济科学出版社旗舰店
网址：http：//jjkxcbs. tmall. com
北京季蜂印刷有限公司印装
787 × 1092 16 开 12. 25 印张 200000 字
2019 年 12 月第 1 版 2019 年 12 月第 1 次印刷
ISBN 978 - 7 - 5218 - 1147 - 6 定价：46. 00 元
（图书出现印装问题，本社负责调换。电话：010 - 88191510）
（版权所有 侵权必究 打击盗版 举报热线：010 - 88191661
QQ：2242791300 营销中心电话：010 - 88191537
电子邮箱：dbts@ esp. com. cn）

总　序

　　"中南财经政法大学'双一流'建设文库"是中南财经政法大学组织出版的系列学术丛书，是学校"双一流"建设的特色项目和重要学术成果的展现。

　　中南财经政法大学源起于1948年以邓小平为第一书记的中共中央中原局在挺进中原、解放全中国的革命烽烟中创建的中原大学。1953年，以中原大学财经学院、政法学院为基础，荟萃中南地区多所高等院校的财经、政法系科与学术精英，成立中南财经学院和中南政法学院。之后学校历经湖北大学、湖北财经专科学校、湖北财经学院、复建中南政法学院、中南财经大学的发展时期。2000年5月26日，同根同源的中南财经大学与中南政法学院合并组建"中南财经政法大学"，成为一所财经、政法"强强联合"的人文社科类高校。2005年，学校入选国家"211工程"重点建设高校；2011年，学校入选国家"985工程优势学科创新平台"项目重点建设高校；2017年，学校入选世界一流大学和一流学科（简称"双一流"）建设高校。70年来，中南财经政法大学与新中国同呼吸、共命运，奋勇投身于中华民族从自强独立走向民主富强的复兴征程，参与缔造了新中国高等财经、政法教育从创立到繁荣的学科历史。

　　"板凳要坐十年冷，文章不写一句空"，作为一所传承红色基因的人文社科大学，中南财经政法大学将范文澜和潘梓年等前贤们坚守的马克思主义革命学风和严谨务实的学术品格内化为学术文化基因。学校继承优良学术传统，深入推进师德师风建设，改革完善人才引育机制，营造风清气正的学术氛围，为人才辈出提供良好的学术环境。入选"双一流"建设高校，是党和国家对学校70年办学历史、办学成就和办学特色的充分认可。"中南大"人不忘初心，牢记使命，以立德树人为根本，以"中国特色、世界一流"为核心，坚持内涵发展，"双一流"建设取得显著进步：学科体系不断健全，人才体系初步成型，师资队伍不断壮大，研究水平和创新能力不断提高，现代大学治理体系不断完善，国际交流合作优化升级，综合实力和核心竞争力显著提升，为在 2048 年建校百年时，实现主干学科跻身世界一流学科行列的发展愿景打下了坚实根基。

"当代中国正经历着我国历史上最为广泛而深刻的社会变革，也正在进行着人类历史上最为宏大而独特的实践创新"，"这是一个需要理论而且一定能够产生理论的时代，这是一个需要思想而且一定能够产生思想的时代"①。坚持和发展中国特色社会主义，统筹推进"五位一体"总体布局和协调推进"四个全面"战略布局，实现"两个一百年"奋斗目标、实现中华民族伟大复兴的中国梦，需要构建中国特色哲学社会科学体系。市场经济就是法治经济，法学和经济学是哲学社会科学的重要支撑学科，是新时代构建中国特色哲学社会科学体系的着力点、着重点。法学与经济学交叉融合成为哲学社会科学创新发展的重要动力，也为塑造中国学术自主性提供了重大机遇。学校坚持财经政法融通的办学定位和学科学术发展战略，"双一流"建设以来，以"法与经济学科群"为引领，以构建中国特色法学和经济学学科、学术、话语体系为己任，立足新时代中国特色社会主义伟大实践，发掘中国传统经济思想、法律文化智慧，提炼中国经济发展与法治实践经验，推动马克思主义法学和经济学中国化、现代化、国际化，产出了一批高质量的研究成果，"中南财经政法大学'双一流'建设文库"即为其中部分学术成果的展现。

文库首批遴选、出版二百余册专著，以区域发展、长江经济带、"一带一路"、创新治理、中国经济发展、贸易冲突、全球治理、数字经济、文化传承、生态文明等十个主题系列呈现，通过问题导向、概念共享，探寻中华文明生生不息的内在复杂性与合理性，阐释新时代中国经济、法治成就与自信，展望人类命运共同体构建过程中所呈现的新生态体系，为解决全球经济、法治问题提供创新性思路和方案，进一步促进财经政法融合发展、范式更新。本文库的著者有德高望重的学科开拓者、奠基人，有风华正茂的学术带头人和领军人物，亦有崭露头角的青年一代，老中青学者秉持家国情怀，述学立论、建言献策，彰显"中南大"经世济民的学术底蕴和薪火相传的人才体系。放眼未来、走向世界，我们以习近平新时代中国特色社会主义思想为指导，砥砺前行，凝心聚

---

① 习近平：《在哲学社会科学工作座谈会上的讲话》，2016 年 5 月 17 日。

力推进"双一流"加快建设、特色建设、高质量建设，开创"中南学派"，以中国理论、中国实践引领法学和经济学研究的国际前沿，为世界经济发展、法治建设做出卓越贡献。为此，我们将积极回应社会发展出现的新问题、新趋势，不断推出新的主题系列，以增强文库的开放性和丰富性。

"中南财经政法大学'双一流'建设文库"的出版工作是一个系统工程，它的推进得到相关学院和出版单位的鼎力支持，学者们精益求精、数易其稿，付出极大辛劳。在此，我们向所有作者以及参与编纂工作的同志们致以诚挚的谢意！

因时间所囿，不妥之处还恳请广大读者和同行包涵、指正！

中南财经政法大学校长

前　言

　　近年来，政府和社会资本合作（Public‐Private‐Partnership，PPP）模式成为推动我国经济、社会发展的重要力量。2013 年底时任财政部部长楼继伟在推广运用 PPP 模式之初就强调，PPP 不仅是简单的、技术层面的"方式更新"，而是要实现国家治理现代化、发挥市场机制决定作用、转变政府职能、建立现代财政制度和推动城镇化健康发展的五大变革。2017 年 7 月李克强总理指出，要拿出更多优质资产，通过政府与社会资本合作（PPP）模式引入各类投资，回收资金继续用于新的基础设施和公用事业建设，实现良性循环。习近平总书记于 2019 年党的十九大报告中明确提出，要使市场在资源配置中起决定性作用，更好地发挥政府作用，再一次强调了市场因素的重要性。在 PPP 具体规范方面，2019 年 3 月财政部发布《关于推进政府和社会资本合作规范发展的实施意见》，2019 年 6 月发改委发布《关于依法依规加强 PPP 项目投资和建设管理的通知》，这两份有关 PPP 的文件对我国 PPP 项目建设具有非常重要的业务指导作用。

　　自 1985 年深圳首例 BOT 模式实践项目落地后，我国 PPP 模式的发展已经历了从试点推行到全面铺开的推进阶段，现已渗入公共基础设施服务、城市建设、节能环保、养老服务等各个领域。财政部政府和社会资本合作中心发布的统计数据显示，截至 2019 年 5 月末，全国政府和社会资本合作（PPP）综合信息平台管理库累计项目 9 000 个，投资额 13.6 万亿元；累计落地项目 5 740 个，投资额 8.8 万亿元，落地率 63.8%；累计开工项目 3 426 个，投资额 5.1 万亿元，开工率 59.7%。在市场化背景和政府的大力支持下，PPP 模式在我国具有广阔的发展前景。

　　在 PPP 模式快速推进、蓬勃发展的同时，不断提高成交项目质量，改善成交项目的规范性逐步成为更为重要的议题。政府和社会资本作为 PPP 项目的主要参与方，在项目实际参与过程中，需要充分论证项目的可行性、优劣势、风险等级、应用具体模式等内容，往往涉及会计、风险管理、税务和审计等诸多知识的专业壁垒，而当前 PPP 相关著作中系统阐述这类专业知识的著作鲜见。基于此，为提高 PPP 项目的运作效率，进一步优化资源配置，提升公共基础设施和公共服务的质量，本书侧重于从会计、风险管理、税务和审计等独特视角对 PPP 模式的理论与实践进行专业解析，以帮助读者从会计、风险管理、税务和审计角度加深对 PPP 模式的专业理解，提高对 PPP 项目的专业实操能力。

本书内容共分为三个模块。第一模块为理论模块，包括 PPP 模式基础理论及其发展现状；第二模块为专业知识模块，本书从财会相关专业知识的角度，分别探讨 PPP 运作方式、会计、财务风险、税务和审计五个领域；第三模块为案例模块，结合××PPP 项目的实际情况，首先介绍了该项目的背景及概要，其次针对结合××PPP 项目所涉及的会计、财务风险、税务和审计四个专业知识角度，结合××PPP 项目具体案例，深入分析各层面专业知识在本项目中的管理方法与操作实务，最后针对××PPP 项目实际存在的问题，从 PPP 模式参与者和监管者的角度分别提出解决对策和相关的研究建议，供政府、社会资本方、中介机构、监管机构等相关机构参考，以期帮助其他 PPP 项目实现高质量推进，为 PPP 模式在我国未来的进一步应用提供相关经验和借鉴。

本书特色主要包括三个方面。第一，对当前 PPP 模式的运作方式进行了详细的梳理和归纳。本书归纳了目前较为权威的三家机构——世界银行、财政部、发改委的分类结果，对各个分类方式下的具体模式进行了详细解读，并针对财政部和国家发改委的分类情况进行了比较分析，以帮助读者建立有关 PPP 运作方式分类的清晰认识。第二，对 PPP 模式中专业知识较为复杂的领域进行了重点介绍。本书针对会计、财务风险、税务、审计四个专业领域的知识进行了详尽梳理，以帮助管理者了解相关专业知识在 PPP 项目中的应用情况，更好实施对 PPP 项目的有序管理。第三，理论联系实践，以具体案例展示 PPP 模式会计、风险管理、税务和审计等专业知识的实际应用。为使读者对 PPP 项目的实际运作情况有更加具体和直观的理解，本书在系统阐述专业知识理论的基础上，结合××PPP 项目实践，从会计、财务风险、税务和审计四个角度深入分析项目运作情况和操作细节。

目　录

第一章
PPP模式的基础理论

第一节　PPP 模式的基本界定

一、PPP 模式的内涵

PPP（Public – Private – Partnership）模式，是指政府与私营组织之间签订特许协议，为了建设公共基础设施或者提供公共服务形成一种伙伴式的合作关系，并通过协议的形式来明确双方的权利和义务，以确保合作的顺利完成，实现比各自行动更为有利的结果。

公私合营模式（PPP）受到广泛关注的主要原因是其政府参与项目运作全程的特点。PPP 模式以特许经营权的方式将部分政府责任转移给私营企业，政府与企业建立起"利益共享、风险共担、全程合作"的共同体关系，既减轻了政府的财政压力，又减少了私人资本的投资风险。PPP 模式早在 20 世纪 80 年代就在我国的现实实践中萌芽了，但 30 多年的发展始终缺乏系统性和规范性。直至近年，随着供给侧改革和市场经济发展等现实国情的变化，PPP 模式的发展逐渐步入正轨。2015 年 5 月国务院办公厅在发布的《关于在公共服务领域推广政府和社会资本合作模式指导意见的通知》中明确了 PPP 的定义："政府和社会资本合作模式是公共服务供给机制的重大创新，即政府采取竞争性方式择优选择具有投资、运营管理能力的社会资本，双方按照平等协商原则订立合同，明确责权利关系，由社会资本提供公共服务，政府依据公共服务绩效评价结果向社会资本支付相应对价，保证社会资本获得合理收益。"

典型的 PPP 模式是公共部门与社会资本充分发挥各自的比较优势，在谈判的基础上签订合约，在合作期间共同分担风险、分享收益，提供优质的公共设施建设或服务以满足社会大众的需求。总的来说，PPP 模式主要有以下三个特点：

（1）利益共享，风险共担，合理利润。PPP 项目的基本特点是公益性和垄断性，因为它针对的项目通常都是公共基础设施建设或公共服务。PPP 合约的利益调节机制不仅要确保私人部门得到合理的投资回报，同时又要不损害公共利益，项目效益与收益挂钩，做到真正的利益共享。对于项目可能发生的各类风险，由更擅长应对这一风险的一方发挥比较优势承担应对，在风险共担的基础上达到整体风险最小化的成果。

（2）任务捆绑与控制转移。传统的公共项目以政府为主体，不同的社会资本分别负责项目的不同板块，每一个社会资本并不会全程参与项目，因而在实际运行中，缺乏对于项目的全盘考虑。而在大部分的 PPP 组织形式中，公共部门通过招投标遴选社会资本，由联合中标体负责基础设施的建设，而政府起监督的作用；也存在一定体量的外包类 PPP 项目，虽然社会资本没有参与到整个生命周期中去，但从本质上来说，政府出让了部分控制权，在原先组织者的身份基础上，转换成了参与者和监管者的角色。

（3）长期的伙伴关系。PPP 项目的合同期限较长，较为典型的在 20～30 年，某些特殊的超大型项目甚至需要更长的期限。政府和社会资本以平等民事主体的身份订立具有法律意义的合约，在合同期内共同履行法定义务、享受合法权益。长期性可能导致以下两方面问题：一方面是时间所带来的不确定性，如新政策的出台、用户需求发生改变、新兴技术发展迅猛、基础环境变化等影响；另一方面，长期性不仅使得适合采用 PPP 模式的公共项目受到限制，而且长期运营过程中的高折旧率和合同期结束后的剩余价值无法确定。因此，在签订合约之前，双方需要考虑未来可能发生的各种风险，建立互利合作的伙伴关系，共同克服合同期内的各种问题。

二、PPP 模式的概念

广义 PPP 或 3P 模式，是一种公私合作的模式，对象是公共基础设施或公共服务项目。它积极鼓励私人资本和私营企业与政府合作建设公共基础设施。根据这一广义上的定义，PPP 指的是通过政府部门和私营企业之间的合作，让私营企业以其自身的优势与资源参与建设公共设施、提供公共服务，从而提供比

"单打独斗"更有利的结果。广义的 PPP 是政府公共部门和私营企业之间为发展公共事业而建立的各种伙伴关系，大致可以分为三类：外包、特许经营和私有化。

狭义的 PPP 可以理解为 ROT、BOT、PUO 等多个项目融资模式的总称，狭义的 PPP 重点放在项目的风险共担和利益共享机制方面。

我国较早的比较规范的 PPP 项目是 2004 年北京地铁 4 号线项目。该项目由京港地铁公司承包，这是一家由香港地铁有限公司、北京首都创业集团有限公司和北京市基础设施投资有限公司共同投资设立的特许经营公司，三家的股份占比分别为 49%、49% 和 2%。从广义来看，中国开始在基础设施建设领域引入 BOT 形式的 PPP 模式起源于 20 世纪 80 年代。20 世纪 90 年代末期亚洲金融危机的爆发使 PPP 的发展陷入低潮期，直至 2003 年以后才慢慢重新复苏。而 2008 年"四万亿"计划的启动导致地方政府更倾向于使用债务融资的方式来建设项目。2010 年后随着地方债务问题的曝光，PPP 模式又一次被政府提上议事日程，得到快速发展。

三、PPP 模式的法律性质

PPP 模式作为一种平等协商、风险共担的合作体制，法律属性是其重要的属性之一。该合作机制以法治和合同契约精神为基础，以具有法律效力的协议规范项目处理，实现最终目的。PPP 模式当中社会资本和公共部门的关系可视为公民的婚姻关系，签订的特许经营协议是结婚证，签约仪式则是婚礼过程。一个成功的项目就是幸福的婚姻，想要获得完美的婚姻关系就要好好经营项目，不应将重点简单地放在婚礼和结婚证上，因为这只是一个开始。事实上项目签约之后才是真正的考验，在这一过程当中，会出现各式各样的问题和困难，政府和社会资本之间必须要互相理解，多多沟通，妥善解决问题，共同推进公共事业的发展，使社会大众可以得到切实的利益。

PPP 的法律属性是 PPP 的项目立项、公司成立、工程建设、运营投入、股权移转等一系列活动的基础，想要明确项目相关各方权利与义务关系就要依据法律法规签订合同。也就是说，PPP 最为核心的要素就是法治和契约精神。在经营 PPP 项目的过程当中，公平公正是必须坚持的原则，因此 PPP 最为重要的属性就是法律属性。

第二节　PPP 模式的功能

一、PPP 模式与其他传统融资模式的比较

PPP 项目融资模式与传统融资模式相比，其区别主要体现在以下几个方面：

1. 融资依据不同

在传统的融资模式中，项目融资主要取决于私人投资者的资格和信誉。而在 PPP 项目中，贷款方银行主要考虑的是预期的经济效益，也就是这个项目在整个贷款期间可以产生多少现金流量，未来的经济效益决定贷款金额和利率，对于那些缺乏资金的投资者来说，通过未来现金流的规划，PPP 项目可以解决他们的燃眉之急。

2. 追索程度不同

PPP 项目融资模式与传统融资模式之间最大的差异就是追索权限的差异。传统的融资模式是完全追索权，PPP 项目融资模式则是有限或无追索权。其中无追索权融资更加特殊，它的规定是无论出现何种情况，贷款人只能追索到借款人 PPP 项目所拥有的资产，项目之外的其他资产均不涉及，也就是说完全依赖 PPP 项目自身产生的经济效益偿还债务。

此外，PPP 项目融资模式中，对借款主体的追索程度主要依靠前期谈判来确定，谈判过程中要考虑以下几个因素：PPP 项目的具体性质、借款人从事项目管理的经验和自身信誉、预计经济效益大小、贷款人和借款人分担潜在风险的方式等等。

3. 股权比例不同

传统融资模式要求项目投资者的投入资金一般要至少占总投资的 30% ~

40%，其余资金可以基金的形式获得。而 PPP 项目融资模式有限追索或无追索权的性质，使得项目投资者不需要大量的自有资金，只要使用项目的预期收益就可以在初期筹集到相比自有资产数十倍甚至几百倍的资金，可以说是一种具有极高资产负债率的模式。

4. 债务表现不同

由于项目负责人承担的是有限责任，组建的项目公司的资产和现金流量决定了 PPP 项目的债务偿还能力，项目负责人本身的资产不会受到任何影响。所以 PPP 项目融资模式产生的债务不会显示在项目投资者的资产负债表上，在会计处理上就与传统的项目融资模式有所不同。

使用非企业负债型融资的项目投资者最大的好处就是能够使得项目投资者最大程度地利用自身有限的资金，与此同时，投资风险被分散到更多的项目中。

5. 风险分担不同

任何项目的开发和建设都需考虑风险问题。PPP 项目融资模式与传统融资模式在风险分担方面有两点不同之处。

第一，传统融资模式下的项目风险相对集中，投资人难以分散风险。但是，PPP 项目融资模式中的众多项目参与者通过详细明确的合同来合理确定责任和风险，以各方实际利益为准绳，保证 PPP 项目融资顺利进行。

第二，PPP 项目融资模式的对象一般为公共基础设施和公共服务，主要特点是建设周期长、投资金额大、风险复杂。

6. 融资主体不同

传统项目融资模式的主体就是项目的发起人，他们向银行和其他财团贷款的抵押物是整个项目的资产、预期收益和项目负责人的所有其他资产。银行是否愿意提供贷款或其他投资者是否愿意投入资金，不仅取决于拟议项目的预期利润，他们更看重的是项目负责人的个人信誉。

PPP 项目融资模式的融资主体不会涉及项目负责人的其他资产，只是项目公司本身，项目产生的未来收益和建设完成后的资产构成偿还银行和其他私人贷款的全部标的物。

7. 融资成本不同

PPP 项目融资模式所需要的成本高于传统融资模式，并且通常需要耗费更多的时间，主要有以下两点原因：

第一，PPP 项目的实施前提是政府给社会资本授予特许经营权，这一过程涉及漫长的前期磋商与谈判，最终才能达到一个双方都较为满意的平衡点，签订特许经营权协议。所以时间成本和费用必然较高。

第二，由于是多方合作，相比于传统的融资模式工作量更大更复杂，尤其是政府部门一般会有更多的流程和手续，处理这些问题也会增加融资成本。

二、PPP 模式的微观功能

为了更好地理解 PPP 模式的微观项目治理功能，有必要从合理化 PPP 模式的基本操作思想出发。PPP 模式的基本操作流程是：政府公共部门挑选评估潜在项目，进行可行性分析，编制项目实施方案——通过公开招标等法定流程选择合适的社会资本开展合作，针对各自需求磋商谈判，签署 PPP 合同——根据 PPP 合同规定组建特殊目的实体（Special Purpose Vehicles，SPV）公司，政府只占少量股份，在绩效评估考核的基础上阐明政府的监管权力和支付机制——由 SPV 公司开展项目的具体建设和运营，最终实现资本收益率和公众利益的最大化。

从 PPP 模式的基本思想和运作过程来看，其发挥作用的逻辑基础是：将政府优势与社会资本的优势结合起来，充分发挥各自最大的功效，从而实现一加一大于二的双赢结果。

1. 对于政府

应用 PPP 模式的价值不仅在于它可以减轻政府当前财政支出的压力，平衡财政支出的波动性，充分学习和利用社会资本丰富的管理技术经验，通过风险分担的合理安排、项目责任的整合，激励相容的机制以及资源信息的充分共享，可以大大提高项目建设的效率和公共服务的质量，顺利实现政府的预期目标。

2. 对于社会资本

打破传统投资的产业壁垒是 PPP 项目模式最大的优势之一，社会资本得以进入发展空间巨大的公共基础设施领域。此外，与一般市场投资的高风险相比，PPP 项目的长期稳定收益保证了社会资本对资本增值安全的需求。同时，它也可以满足社会资本对价值的追求，超越资本利润，通过合作参与公共事业，承担社会责任。

3. 对于社会公众

PPP 模式的推广扩大了公共福利范围。政府可以在有限的预算范围内尽可能多地提供优质公共服务和公共基础设施建设。更重要的是，引入市场竞争机制可以有效改善公共部门内部服务效率低下的弊端，凭借前期精心的业务结构设计和严格的监督，完美平衡公共事业建设与私人投资收益回报之间的利益冲突。

4. 对于项目本身

PPP 模式在项目初期进行调研和论证工作，协商和设计最优资本结构与融资方案，保证项目成功运转的可行性。此外，通过共担风险，各方利益都得到最大程度的满足，合作各方形成了一个稳定的风险综合体。在具体目标的指导下，各方共同努力，提高施工效率，创新管理方法，以节省各种成本，改善战略解决方案，采取积极措施预防和控制风险以应对瞬息万变的市场行情，最终使项目运作成功的可能性大大增加。

三、PPP 模式的宏观功能

1. 有利于政府职能的转变

PPP 模式中的政府需要进一步厘清与市场的边界，既不"越位"——侵占市场角色而过度干预微观经济活动，也不"缺位"——弱化公共责任而导致公共利益受损，主要职能集中于对项目运行的全方位动态监管。这就是说，PPP 模式的普及推广不仅要求政府通过职能转变而发挥市场机制对于公用事业领域内资源配置的基础性作用，同时也必然推动政府为适应 PPP 模式所带来的角色转化（即从传统的公共服务生产者、提供者转化为公共服务的监管者、购买者）而实现管理职能的全面转变。

2. 有利于提高政府管理水平

PPP 项目投资规模大、合作周期长、利益关系极其复杂，对政府的管理能力提出了很高要求。虽然根据法律法规的规定与合同协议的约定，政府的管理已经具有较为完备的依据前提，但简洁、刚性的规约始终无法穷尽鲜活实践的各样情境，不可能预先完美设定所有问题的解决方案。特别是当不曾预料的问题突然发生时，更加需要政府通过丰富的管理经验、专业的管理技术、科学的管理能力甚至卓越的管理艺术加以及时解决。因而，通过 PPP 模式的推广普及，经过 PPP 项目管理经验的累积，政府的综合管理水平必然将得到大幅提高。

3. 有利于提高政府的投资效率

PPP 模式能够有效避免传统包揽型政府投资模式下，委托代理建设方基于"花别人的钱、办别人的事"或"花自己的钱、办别人的事"的行为逻辑而经常性出现的诸如工期拖延、预算超支等问题，激励社会资本在"花自己的钱、办自己的事"的动力机制下优化各项成本支出。与此同时，政府以少量注资占有少量股份，弱化或放弃股份分红的权利，却掌握着项目核心控制力的 PPP 规则，不仅能够倍增政府投资的杠杆撬动效应，同时也能大幅提高政府投资的实质引导力与支配力，并能使政府在信息对称的基础上实现各种对价支付与项目实际运营状况的精准对应，进一步提升政府的投资效率。

4. 有利于相关行业的转型升级

纵向角度看，以建筑行业为例，作为社会资本方，建筑企业需要全程参与 PPP 项目的规划设计、融资安排、建设施工与维护运营，从而能促进企业纵向发展，由单一的施工盈利转向全产业链条盈利。且企业纵向边界的扩大可以带来规模经济效应，进而提高企业参与市场竞争的能力。横向角度看，PPP 项目复杂的融资机制和巨大的投资规模将促进各企业间合作及行业内部的资源有效整合，进而有助于建筑产业的结构调整与行业健康发展。

5. 有利于市场经济的繁荣与发展

首先，PPP 模式拓宽了社会资本的投资渠道，促进资本与投资机会的有效对接，有利于激发市场活力，且其在引入社会资本的同时，还引入了技术及企业化管理，有利于实现优势互补。其次，PPP 项目运作需要与建筑、金融、法律、会计、咨询等多种行业的密切合作，因而它的普及推广可促进各类产业的协同发展。最后，从长期来看，PPP 项目以基础设施建设领域为主要投向，其良好运行及发展又为将来的社会经济繁荣奠定了基础。

6. 有利于推动供给侧结构性改革

一方面，PPP 模式的推广普及能推动相关企业去除落后和过剩的产能，实现服务供给与需求的有效对接，缓解结构性过剩；另一方面，PPP 引入社会资本，能有效降低政府债务的比例和风险，提高财政资金的使用效率，并通过竞争机制的引入推动公共服务产业的技术改造与良性发展，从而满足供给侧结构性改革有关"去产能、去库存、去杠杆、降成本、补短板"的具体要求。

四、PPP 模式的缺陷及补救措施

(一) PPP 模式的缺陷

PPP 模式是政府和社会资本合作的一种项目运营模式，其中涉及责任和义务的分配，如果责任和义务分配不合理，将引发矛盾并可能最终导致合作破裂。而宏观经济环境不稳定、产权不清晰、基础设施和金融市场不完善等因素，往往进一步加剧这些矛盾。且引入 PPP 模式后，社会资本的介入虽然带来了新的资本投入、技术和管理，能够从总体上提高公用事业的服务质量；但另一方面，由于社会资本大多数是利润导向，会把服务重点放在风险小较易获利的领域，可能导致提供的公共服务覆盖不完全。且服务分割外包可能导致成本上升，私人机构也存在违约及欺诈风险。

(二) 补救措施

为消除社会资本对政府推广应用 PPP 模式的顾虑和担忧，进一步推动 PPP 模式在我国的应用发展，必须采取相应的补救措施，应对目前我国 PPP 模式存在的缺陷和不足，具体补救措施如下：

1. 积极深化公共服务领域改革

要积极转变政府职能，通过委托运营、资产租赁、特许经营等方式，扩大政府公共服务采购范围，着力推进真实的公共服务采购，并积极争取财政资金的支持，推进公共服务领域的市场化改革，提高公共服务专业化运作水平。

2. 选取适当的项目推广 PPP 模式

PPP 模式可以提升公共产品或服务质量，但并非适应于所有项目。对于不适用的市场化投资项目，不能为争取上级财政资金和银行贷款的支持，便盲目采用 PPP 模式进行包装，且在编制项目方案过程中，必须坚持政府和社会资本平等、公正的原则，不得损害公共利益或是不合理地增加当地政府负担，也不得过度让利于社会投资主体，要着眼于当地社会经济的可持续发展。对于难以争取财政资金支持的市场化项目，应按照其固有的商业属性进行招商引资，不得盲目包装成 PPP 项目。

3. 建立规范的评估论证体系

为规范和指导 PPP 项目财政承受能力的论证工作，财政部制定了《政府和社会资本合作项目财政承受能力论证指引》。为保证项目评价工作的有效性，必须制定 PPP 项目物有所值评价规范，且政府在必要时可以委托第三方专业机构进行评价，从而增加 PPP 项目评估论证工作的可信度，减少私人机构对 PPP 模式的顾虑，进而增强社会资本参与 PPP 项目的信心。

第三节　我国 PPP 模式的立法概述

PPP 模式以其在稳定性、透明度、税收政策和预期的投资回报率等方面优势吸引了众多投资者。其法律架构问题涉及工程、金融、行政、企业等多个领域，PPP 模式强调公共部门与私人机构相互信赖的合作关系，只有成熟完善的立法架构才能保护这种关系，使 PPP 模式充分发挥作用。在 PPP 模式的实际运作中，各国均结合本国实际情况以立法模式和授权方法为基石，制定了相关政策法规。

一、PPP 模式的立法模式

与 PPP 相关的立法模式可归为三类：（1）由立法机关或行政机关制订统一立法，如柬埔寨于 1995 年通过的《关于私营管理部门以 BOT 合同方式参与基础设施建设条例》。（2）具体项目单项立法，主要体现为地方政府条例和专项政府规章，如港英政府 1995 年制定的《大榄隧道及元朗隧道条例》，这种 PPP/BOT 法规有两大特点，一是条例的框架基本稳定，二是有较好的参照意义。我国在某些项目中也采用了这种方法，如上海市的《上海市延安高架路专营管理办法》，同时一些地方政府也出台了地方管理办法，如北京市 2003 年出台的《北京市城市基础设施特许经营办法》。（3）不就 PPP 专门立法，而以现行的法律加以规范，以澳大利亚为典型，它没有专门的 PPP 立法，但已有法律对 PPP 运作提供了完整法律框架。法国是更为典型的一个例子，法国 PPP 模式主要以政府特许经营为主，政府特许可以直接适用法国行政法中的公共特许工程法律制度。

二、PPP 模式的授权方法

对于项目发起人而言，最重要的是授权的明确性，发起人必须了解 PPP 项目的谈判权掌握在谁的手中，还必须了解这种权利的范围和期限，同时包括特许方得以开展建设、运营等活动的一般合同条件。目前，国际上适用的授权方式主要有如下几种：

1. 自由式

由指定的政府部门同私人机构谈判 PPP 合同中的所有或大部分合同条件，谈判授权原则上仅受国家立法和政府关于 PPP 模式政策的限制，英国及澳大利亚采用该方法。

2. 条件约束式

通过立法确定 PPP 模式的合同条件及基本内容，旨在保护国家利益和公众权益，合理分配权利义务，如我国台湾地区采用该方法。

3. 自由式与条件约束式的混合

采用混合框架，在立法或政府规定等方面提供某些详细的规则和条件，同时它们也给出具体谈判的条件。

4. 制定范本与标准程序

政府为每一公共服务领域制定示范文本或标准合同及预定谈判条件和程序，其中的代表是英国财政部公布的 PFI（私人融资计划）合同文本。

三、对我国 PPP 模式立法架构的建议

每一种立法模式的选择应当从本国法律环境和经济状况来考察。结合我国

现状，采取统一立法和单项立法相结合的方法适用于国内 PPP 模式的发展。首先，我国目前的法律环境必然要求以立法的形式对 PPP 模式予以规范。其次，统一立法给予投资者充分的法律保障，有助于树立投资者的信心，如菲律宾、印度和巴西等国均采取了统一立法模式，统一立法致力于解决宏观层面问题，如税收、风险担保、公司成立、项目监督、纠纷的解决等。最后，单项立法及地方规章是对统一立法很好的补充，单项立法在国家统一立法的基础上针对某一具体项目或地区进行专门的调整，使其最大限度地与当地情况桕符。地方政府相对独立及自主权有利于发挥其积极性，推动 PPP 模式的发展。

第二章
PPP模式的发展历程

第一节　PPP 模式的国外研究

一、PPP 模式在英国的起源与发展

英国是 PPP 的先驱和倡导者，特别是其自来水供应和运输方面具有代表性。在供水方面，伦敦 400 多年来一直由私营公司供水，私人受到政府的限制很少。企业通过投资支持服务和质量创新相互竞争来增加居民的供水线。在 20 世纪逐渐被国有化，随后在 20 世纪 80 年代又被私有化，经历了从私人运营到国家运营又到私人运营的漫长演变历程。在运输方面，早在 1281 年，英国便开始对伦敦桥的车辆、行人和船只收费。1706 年，英国创建第一个收费信托基金，用于融资、配置、维护和运营收费公路，该收费信托基金的创建随后导致了数百项法案，使整个英格兰的 PPP 体系获得快速发展。

英国 PPP 模式大抵分为两个阶段，私人融资计划（Private Finance Initiative，PFI）阶段和私人融资计划第 2 阶段。1992 年，英国财政部长罗曼·雷蒙德（Roman Leymont）利用私人资金支持不停增长的公共支出，并初次创建了 PFI 模式。PFI 通过将私人企业引入公共服务的提供过程中，缓解了公共财政压力，发挥了私人部门的创造性，引入了债权人监督机制，提高了公共服务质量。在 PFI 模式下，政府由公共服务的提供者转变为购买者，私人部门负责公共设施的建设、维护，并从政府那里获得长期稳定的费用支付，公众得以享受高效优质的公共服务，最终实现三赢。从 1992 年到 2011 年，英国完成了 700 多个 PFI 项目，总资本付出为 547 亿英镑，涉及的范围包括学校、公路、医院、监狱、住房和废水处理等。但 PFI 也暴露了运营过程中的一些问题，如成本浪费、条约变动性差、项目透明度低、收益分配不合理等。为解决 PFI 模式的缺点，英国政府于 2012 年推出了新的 PPP 模式——PF2。在 PF2 模式下，政府持有部分股权，作为

项目的少数股东加入投资，并鼓励政府举行招投标采购。项目的招投标时间不超过 18 个月，并制定项目采购的标准化流程，以加强监督。

当前英国 PPP 面临在政治上前景未明、绝大部分新项目尚未发布、公共资金不足等挑战，但同时政府也发出了继续利用 PPP 的信号，例如，改组相关机构、财政部设立新的 PPP 中心、集中开展 PPP 管理工作、组织评估"私人融资倡议"并将公布结果、研究采用升级版模式、制定国家基础设施计划等，并公布了一些重大和一般的 PPP 项目。

二、PPP 模式在加拿大的起源与发展

近年来 PPP 在加拿大稳步发展，无论从市场活跃度还是发展模式看，都堪称世界一流。加拿大 PPP 委员会发表的白皮书就毫不讳言地指出，加拿大是全球 PPP 最佳实践的主要来源。穆迪也认为加拿大的 PPP 模式最为成熟，就连英国财政部都对加拿大模式表示了深厚兴趣。与英国为缓解财政约束而引入私人资金不同，加拿大政府一开始就看到了 PPP 对促进经济增长和创造就业的巨大作用，因此政府从一开始就出资参与项目。

加拿大政府高度重视及其支持 PPP 模式。在加拿大的 PPP 模式中，私营部门认真思考 PPP 项目的计划、配置、运营和维护的整个进程。在项目完成之前，政府不具有支付责任。支付阶段延伸到整个项目的生命周期。加拿大 PPP 模式有其自身的特点：第一，私营部门加入 PPP 项目不仅是为项目融资，项目的最终目的是便利社会公众；第二，依附专业的技能和经历，加拿大刨建了专业团队，认真考察 PPP 项目的交易及布局；第三，引入竞争，加拿大鼓励国内外投资者加入 PPP 项目的招标，以鼓励创新，降低成本；第四，资本市场融资，加拿大创建 PPP 项目为项目提供资金；第五，加拿大 PPP 看重创新，与各省同行分享和交换经验，根据不停变革的外部环境做出相应调整。

三、PPP 模式在美国的起源与发展

美国一直被诟病的是 PPP 潜力巨大，却落后于全球 PPP 步伐。但美国"家

大业大"，任何一个大型基础设施项目所需投资都可达到数十亿美元，适合采用 PPP 的小型项目则不多，这与美国发达的金融体系分不开。甚至有观点认为，美国市政债券市场等融资方式比 PPP 先进。

在 19 世纪，美国私营部门提供收费公路和桥梁等，但 PPP 并不是一种常见的模式。到 20 世纪初，公路外的公共交通基本完全依赖政府。自 20 世纪 80 年代和 90 年代以来，基于英国、加拿大和澳大利亚等国家 PPP 发展的经验，美国已开始更多地利用私营部门资源，PPP 在美国发展迅速。1998 年，弗吉尼亚州利用一家私营公司建造了一座价值 4 200 万美元的监狱，为美国 PPP 的发展树立了典范。近年来推动美国 PPP 发展的重要因素之一是奥巴马政府于 2014 年 7 月提出的"创建美国投资发起"，这是一项政府层面的提倡，旨在促进联邦和地方政府的相助。

在管理结构方面，美国作为联邦制国家，每个州和地方政府都拥有更大的自治权，这也体现在 PPP 的发展上。州和地方政府将根据本身的特点和需求采用不同的 PPP 模式。没有统一的国家政府机构专门推动 PPP，但美国 PPP 委员会、市长商业委员会、联邦公路管理局和其他非政府机构正在积极推动 PPP 在美国的发展。

在政策和法规方面，美国采用联邦制，联邦法律为各州实施 PPP 提供基本指导，而具体细节以及是否允许采用 PPP 模式由各州决定。美国各州对 PPP 的态度和理解不尽相同。得克萨斯、佛罗里达、弗吉尼亚等州已从早前的私有化浪潮转向 PPP，全美领先。美国颁布的与 PPP 相关的联邦立法和政策主要包括："21 世纪交通公平法""交通设施融资与创新法""公路 PPP 模式特许经营合同核心指南""修复美国道路交通法"等。

在融资机制方面，在美国 PPP 的发展中，联邦政府提供的以下三种融资工具发挥着重要作用：私人活动债券、交通设施融资和创新法案信贷计划，以及水设施融资和创新法案信贷计划。

在现实实践方面，美国 PPP 的发展存在以下几个重要问题。首先，整个社会对 PPP 模式缺乏充分的认识。一些美国政府部门不乐意考虑 PPP 模式，因为他们缺乏对 PPP 具体细节的充分认识。其次，要提升相关部门的专业技能，美国许多州甚至都没有专门促进 PPP 发展的部门。再次，需要更多的联邦政府支持。由于联邦制的实施，美国的 PPP 办理相对宽松，比方说，联邦公路管理局的创新筹划办公室可以为各州订定 PPP 提供指导，但仅适用于少数具有联邦性质的项目。最后，社会公众持消极态度。他们担心美国的重要资产被外国控制，由于工会的抵制，一些 PPP 项目难以实施。

第二节　我国 PPP 模式的发展

PPP 在我国一共经历了以下五个阶段：

第一阶段：探索阶段（1984~1993 年）。

从新中国成立到 20 世纪 80 年代，中国政府一直把城市基础设施建设和管理作为一项行政事业，从社会福利的角度出发，政府是城市基础设施建设的唯一投资实体。自 20 世纪 80 年代以来，中国的 GDP 经历数十年年均增长率为 8%~9% 的高速增长。随着经济的发展和城市人口的不断扩大，对基础设施的需求急剧增加。

我国基础设施投资主体多元化改革目标明确后，BOT 模式引起了各省市的广泛关注。在制定"八五"计划时，国家计委提出了引入 BOT 投融资模式的初步构想。中国 BOT 模式的实践始于地方省市，1985 年，深圳首先采用对外商业贷款，建立中外合作的沙角电厂。虽然该项目不是直接称为"BOT 项目"，但它可以说是中国较早的 BOT 模式的实践。不久，上海黄浦江延安东路隧道双线工程、广州深圳高速公路、海南东线高速公路、三亚凤凰机场等项目均采用 BOT 模式吸引外资。

第二阶段：小规模试点阶段（1994~2002 年）。

这个阶段的试点工作是由国家计划委员会（现为国家发改委）组织的，也引发了一波 PPP 高潮。国家计划委员会选择了几个 BOT 试点项目：合肥王小玉污水项目、兰州供水股权转让项目、北京亦庄燃气 BOT 项目、北京房山长阳新城项目，其中来宾电厂项目被认为是中国首个 PPP 试点项目。

第三阶段：推广试点阶段（2003~2008 年）。

2006 年，中共十六大提议在市场资源配置中发挥更加重要的作用。在 2003 年中共十六届三中全会上，民间资本被引入公有领域。2004 年，建设部（现为住房和城乡建设部）开始实施。"市政公用事业特许经营管理办法"为 PPP 项目建立了法律和监管基础。各地开展了大量 PPP 试点项目，掀起了另一波 PPP 热潮，第一个正式推广的 PPP 项目——北京地铁 4 号线项目也是在这个阶段诞生的。

第四阶段：短暂停滞阶段（2009～2012 年）。

为应对 2008 年全球范围的金融危机，我国政府果断出台 4 万亿计划。随着该强有力的刺激政策的出台，地方政府基础设施建设投资增长迅速，城市化程度显著提高。然而，该阶段 PPP 模式陷入暂时停滞状态，主要是由于地方政府融资平台贷款的发展，城市投资债券规模激增为地方政府提供了充足的资金。

第五阶段：发展新阶段（2013 年至今）。

由于地方债问题的逐步显现和爆发，PPP 重获新生且发展迅猛。2013 年 11 月，中共十八届三中全会决定允许社会资本通过特许经营等方式参与城市基础设施投资和运营。2014 年 5 月，财政部政府和社会资本合作（PPP）工作领导小组正式设立。2017 年 7 月李克强总理指出，要拿出更多优质资产，通过政府与社会资本合作模式（PPP）引入各类投资，回收资金继续用于新的基础设施和公用事业建设，实现良性循环。在这一阶段，PPP 逐渐成为地方城市基础设施建设的主力军。2014～2018 年，全口径统计下 PPP 市场共成交 8 673 个项目，总投资规模为 12.24 万亿，成交量巨大，市场十分活跃。

至此 PPP 进入了一个全新的发展阶段。以前，PPP 主要基于 BOT 方式，政府是主要的投资者和风险承担者，而当前阶段则强调社会资本与政府共享利益以及共担风险。

第三节　北京奥运会——PPP 模式的经典案例

一、项目背景

国家体育场位于奥林匹克公园的南部。该项目占地 21 公顷，构筑面积

258 000平方米。该项目于 2003 年 12 月 24 日开工配置，于 2008 年 6 月 28 日正式竣工。国家体育场有限公司执行国家体育场的融资和配置。北京中信金融集团体育场运营有限公司拥有为期 30 年的特许经营权，执行国家体育场的运营和维护。

首先，在国家层面，国家体育场作为标志性的工程，有利于加快北京的现代化进程。同时，该项目的完成有望充实扩大奥林匹克活动的积极影响，促进北京的经济发展，也让社会进步程度和人民生活质量达到一个新的水平。

其次，在项目层面，除了符合举行奥运会的种种条件外，该项目也需要获取商业利润。因此，项目计划、融资、配置、运营、维护、移交等项目的整个生命阶段应围绕这一目的举行。由于 PPP 项目的特殊性，项目公司将单独享受项目的所有商业利益，但同时必须承担项目的所有损失。众所周知，PPP 项目与其设计、融资、建设和运营密切相关。因此，国家体育场的设计和建设必须适当考虑对后续作业的潜在影响。有鉴于此，在体育场建设阶段，项目公司将积极与可能对比赛结束后国家体育场运营感兴趣的潜在公司进行必要的协商和谈判。

但许多现实因素阻碍了合作的顺利进行。首先，该体育场规模大，结构复杂，技术难度大，施工时间长，对世界上类似体育场馆的质量要求极其严格。2005 年，它被英国《建筑新闻》评为"世界十大惊奇建筑"之一。这是一个公益事业，预期利润低，经营难度大，需要整合国内外资源，包括：融资、设计、施工、采购、运营管理、风险控制、保险、移交等，意义重大。国家体育场是北京的标志性建筑，是北京最大的多功能体育场，具有国际先进水平。

二、项目的投融资结构

"鸟巢"项目的合同结构有三个关键节点：特许经营协议、国际体育场协议和合资协议。2003 年 8 月 9 日，北京奥运会主体育场国家体育场举行了项目签约仪式。中标集团已与北京市人民政府、北京奥组委、北京国有资产有限公司签订了三项合同协议，用于特许经营协议、国家体育场协议与合作经营合同。后来，中信集团财团和代表北京市政府的国有资产管理有限公司共同成立了项目公司——国家体育场有限公司，该公司也注册为中外合资企业，享有相关权益。融资协议主要包括以下几个部分。（1）政府特许协议：根据特许协议的相关文件，北京市政府作为国家体育场项目的真正赞助商和特许经营合同后的项目业主。（2）"联营体协议：该项目财团由中信集团财团和北京国有资产管理有限公司共同设立，注册资本 10.43333 亿元。其中，代表政府的北京国有资产管理有限公司投资 6.05133 亿元，占 58%。由中信集团牵头的中信集团联合体贡献 4.3820 亿元，占 42%。[①]"中信集团是该项目公司的法定代表人。（3）贷款协议：项目公司认为，对国家体育场表现出浓厚兴趣的国内商业银行拥有强大的人民币和外币贷款能力。因此，项目公司有信心可以从国内商业银行贷款中获得贷款。

三、融资结构特点

第一，有限责任。申请项目融资，投资者的目的之一是尽量减轻项目的债务负担。该公司的合资结构已达到这一点，投资者的责任有限。在项目实施过程中，投资项目的风险与投资者分离，每个投资者只需承担自己投资比例的风险。即使项目失败，也要承担损失，投资者承担有限责任。

第二，融资安排更容易，更灵活。采用公司型合资结构促进融资有两个好处：一是贷款银行方便控制项目现金流量，银行可以通过公司行使权利；二是公司型合资企业结构很容易被资本市场接受。如果条件允许，资本市场可以直接通过发行股票上市或发行债券筹集资金，为国家体育场馆有限责任公司的进一步发展奠定良好的基础。

第三，引进外资。引入外商投资资金，从而达到享受税收优惠的目的。

四、项目信用保证结构

第一，政府的出资和担保为项目建设提供了良好的投资环境，提高了项目

---

① 数据来源：徐晓宜：《"鸟巢"的遗憾，为何半路散伙？国家体育场 PPP 项目融资模式案例分析》，http://www.360doc.com/content/17/1013/18/35081416_694678135.shtml，2017 年。

的经济实力和融资水平。首先，在项目中，政府单方面投资了项目资金的 58%，该注资减少了企业投资者的融资金额，大大缓解了投资者的财务压力。其次，该项目已经完成。在过去的 30 年里，公司获得了国家体育场的管理权，享受了营业利润，政府没有参与分红。最后，作为进一步保证，中信集团还与北京市政府签订了合同：北京市发展和改革委员会协调所有部门帮助中信集团联合体实现盈利。

第二，中国人民保险公司和天安保险公司承担了该项目的"一揽子计划"保险，包括：建筑工程的所有风险，安装工程的所有风险，雇主责任保险和货物运输保险，总保单金额达 23 亿元。

第三，中信集团是一家大型跨国公司，业务涉及金融、工业和其他服务领域。目前，它在全球拥有 44 家子公司，中信还参与了澳大利亚波特兰铝厂的项目融资计划。中信得到了大多数银行的认可，并为该项目提供了隐含的保证。

第四，北京城建集团作为国家体育场建设的承包商，是北京建筑行业的龙头企业。它具有建筑工程总承包的特殊资格，是 225 个主要的国际承包商之一，为项目的完成提供了有力的保障。

五、项目存在的风险与问题

首先，在招标阶段，奥运场馆的招标是北京唯一成功尝试使用社会资金参与社会福利设施的尝试。中标采用的集中式国际招标模式为北京乃至中国未来 PPP 模式的使用提供了宝贵经验和教训。

第一，未能从国际顶级投资者那里引入资金。本次招标采用市场机制引进国外先进技术，管理和投融资，达到招标目的。但是，由于体育场馆的特殊性，国际大牌投资者未能参与投资。主要是受国际金融形势的影响。体育场馆的公益性很强，商业效益比较低，即使在发达国家也是如此，使这些资产作为有利可图的项目来运作比较困难。

第二，建筑设计方案与项目法人招标之间存在矛盾。奥运项目法人的招标应在理论上进行设计，因为设计与未来项目的运作直接相关，面对一个不合理的场地，无论操作有多好，都无法挽回。此外，将设计责任移交给投标人是使用 BOT 模式传递项目风险的重要特征。中标者确定后，设计方案将成为未来的实施计划。但是，投标人只能在招标文件中提交一份参与评估的设计方案，因此很难从数量上选择世界级的设计方案。与此同时，这次竞标还有另一种情况。这是设计方案与法人竞标的分离，它未能形成完整的 BOT 运作过程，这在一定程度上抑制了外国投标人的积极性。例如，国际体育场项目首先选择了概念设计方案，最后，投标人只有一个计划，即"鸟巢"计划。"鸟巢"计划的预计成本远远高于资格预审中的 30 亿元投资。估计施工技术很难，未来维护成本高。结果，只有三个财团正式提交了参与审查的投标文件，财团的代表全部改为国内企业。

第三，项目法人招标的其余问题。为了吸引社会资本参与奥运项目的建设，解决赛后场地管理问题，北京市政府对奥运场馆等奥运场馆的项目场地采用了招标方式。中标人组成项目公司，负责融资、设计、施工和赛后操作。一些项目投资者存在诸如资金不足、分解主要结构项目等问题。政府在项目招标中承诺的土地和税收激励措施也较难实施。例如，自项目开始投资以来，国家体育场的股东之一锦州控股集团有限公司的资金尚未到位，拖欠 4 700 万元款项。

其次，在建设阶段，也存在一些问题。

第一，建设工期不合理。当特许经营协议于 2003 年 8 月 9 日签署时，北京市政府要求该项目于 2006 年 12 月 31 日完成，建设期仅为 3 年多。然而，由于国家体育场的高技术标准和复杂的功能，承包商需要花更多的时间在项目计划上，加上取消可关闭的顶盖来修改设计。图纸无法及时提供造成半年的建设延误，导致施工期更加紧迫。

第二，取消可关闭顶盖的效果。出于经济和安全考虑，鸟巢于 2004 年 7 月 30 日完全关闭，鸟巢经过重新设计。此后，鸟巢可以关闭，但没有及时提供图纸，造成近半年的施工期延误。与此同时，由于体育场设计方案的变化，投资者已经失去了可观的利益，而各方的利益冲突亦由此而引发。

第三，成本超支。国家体育场的三维钢桁架系统非常复杂，而我国并没有类似项目的施工经验，最困难的是许多零件被切割和焊接两到三次。此外，由于缺乏充气 ETFE 膜结构的构造经验，大尺寸膜结构的安装也很具挑战性。再加上类似于"鸟巢"的钢结构的特殊性，其制造、安装和维护存在许多潜在的问题。尽管可关闭屋顶的建造后来被取消，但它仍导致大量成本超支，这使得该项目的资产负债表更加糟糕。根据审计署的审计，由于结构复杂，技术难度大，工艺要求高，功能和标准调整，主要建筑材料价格上涨，国家体育场项目建设成本大约是 4.56 亿元。

最后，在运营阶段，下面的问题也令人困扰。

第一，市场需求有限。国家体育场设计和建设的概念和主题将使其成为中国最优秀的大型体育和表演设施，它集成了世界上最先进的技术，并且非常环保。尽管如此，国家体育场最大的竞争对手工人体育场的投资已经恢复，并将继续保持较低的运营成本和较低的费用。因此，国家体育场必须创造自己的形象和品牌，以吸引未来客户的兴趣，建立其忠诚度。为此，国家体育场必须营造独特的文化和文化氛围，以吸引最好的国内和国际体育赛事，表演艺术机构，优质服务和先进的管理技术将成为吸引这些机构和公众的终极武器。尽管如此，国家体育场的市场仍然很小，只有政府和私营公司的大型活动可以在国家体育场举行。此外，由于取消了可以封闭顶盖的设计，国家体育场的品牌和独特性大大降低，并且以前预期的全天候商业表现无法实现。

第二，运营经验缺乏。国家体育场的各种表演将成为全世界了解中国的新窗口。这些表演包括中国文化的大型表演、国内和国际团体以及音乐会。项目公司为了吸引未来的客户，将与国内和国际体育协会，特别是国家体育总局建立良好的关系。大型体育场的经济可行性在很大程度上依赖于企业客户的赞助，因此，项目公司还必须与国内外大公司建立良好的关系，以确保国家体育场的服务和产品满足这些机构的需求。然而，该项目公司从未经营过体育场，缺乏运营经验。他们与法国体育场签署了战略合作协议，以寻求建议并了解国家体育场的有效运作。但是，由于咨询费用高，协议可能会终止。

第三，硬件条件的重大变化给长期运营带来不利影响。在国家体育场项目的招标条件和合作条件发生重大变化后，长期运营将受到不利影响。最初设计的经营面积为 12 万平方米，而不是目前的 66 000 平方米。独特的可打开屋顶可以满足使用功能的需要，无形资产的价值可以保证命名权、箱租和旅行预期收入。中信集团联合体可以通过长期业务收回投资和利润。施工设计的重大变化导致施工期延长；另一方面，它增加了投资成本，间接增加了国家体育场的运营成本，降低了运营利润。

第四，无形资产开发的滞后严重影响了赛后的运营效益。从赛后国家体育场的财务状况来看，本应为体育场带来巨大利益的无形资产（如广告）的发展几乎停滞不前。国内联赛较少，同时国家体育馆组织体育比赛的运营成本也很高，导致在这里举行定期活动可能性较小。简言之，无形资产发展的滞后直接在很大程度上影响了国家体育场的赛后运营效益。

六、国家体育场运营权的转移

国家体育场正式启动一年后，北京市人民政府和中信金融集团于 2009 年 8 月 29 日签署了"关于进一步加强北京体育场国家体育场运营维护的协议"。根据协议，国家体育场"鸟巢"将转变为股份制公司（北京市政府原持有的 58% 股份将转变为新公司 58% 的股权，中信集团联合体持有新公司 42% 的股份）。与此同时，国家体育场运营维护协调小组由北京市委、市政府牵头，由国家体育场运营，并由有关部门和地方政府全面协调，形成新体制。在北京市政府接管经营权后，负责鸟巢投资和融资的国家体育场有限公司将作出一些调整。公司的高级管理层，如董事长和总经理，将由政府任命，这也意味着由中信集团、北京城建和美国金州控股等组成的中信集团联合体已放弃其 30 年的特许经营权并转为永久股东身份。在一定程度上，30 年管理权的终结也意味着 PPP 融资模式在中国大型体育场馆（舱室）建设和运营中的首次应用遭遇失败。那么，原因是什么？

首先，在国家体育场的建设中，有大量来自政府和国有企业的投资。与此同时，政府也给予了许多优惠政策。因此，国家体育场应该回归公益，削弱其盈利能力。其次，纯商业运作模式与国家体育场的政治意义和国家形象之间的矛盾加速了国家体育场的管理权转移。在赛后操作中，由于产权持有人与原始经营者之间的理解不同，国家体育场的运作受挫，甚至国家体育场门票的定价也充满了争议。此外，虽然 PPP 投融资模式在国家体育场项目建设中发挥了巨大优势，但由其确定的赛后运营模式在实践中面临着许多实际问题。例如，由于只有经营国家体育场的权利，中信集团联合体无法获得银行的贷款支持，这直接影响了其赛后运营结果。与此同时，人们对进入国家体育场后参观国家体育场和餐饮的成本不满，使得这种投融资模式所确定的赛后运作模式的弊端越来越明显，由此导致的管理不善也是政府重新获得经营权的主要原因。可以说，国家体育场运营权的转让表明，中国大型体育场投融资模式的选择主要考虑施工过程中的资金和效率问题，忽略了体育场的赛后运营。

七、总结

首先，大型体育场具有规模经济的特点，合作融资有利于增加项目总规模和降低成本。在鸟巢建设中采用 PPP 融资模式的原因之一是政府可以利用 PPP 模式的优势来降低整体项目建设和运营成本，减轻财务压力，提高运营效率。中信也可以使用政府激励措施。成功的 PPP 合作将大大降低社会的总成本。

其次，在鸟巢最初的 PPP 合作计划中，中信并不拥有鸟巢的最终所有权，其收入全部依赖于 30 年的特许经营权，与北京市政府相比，长期性增加了收入的不确定性。中信投资规模巨大，可接受 30 年的投资回收期。从理论上讲，中信认为此类投资可能会产生高回报。然而，鸟巢的巨大运营成本使中信的收入目标无法完成，这可能导致中信的过度商业化，影响到鸟巢的公共服务功能。据媒体报道，这是北京市政府恢复管理权的主要原因。因此，最终鸟巢建设 PPP 模式的股权制度的变化也是各方理性选择的结果。然而，政府对鸟巢的重新管理将不可避免地突显鸟巢的公共福利，削弱其投资回收和市场行为，其运营效率将大大降低，这在很大程度上违反了 PPP 模式的初衷。

最后，国家体育场目前是中国第一个采用 PPP 模式的公益项目。它不仅弥补了资金的不足，而且有助于分散风险。它探索了中国基础设施投融资的新途径，开辟了广阔的投融资空间。可惜的是，国家体育场项目的投融资只考虑了奥运会的建设速度和服务。但赛后操作没有合理的规划和相应的风险控制，最终导致赛后操作出现较大错误，这对鸟巢建设项目而言是一个不小的遗憾。

第三章
PPP模式的运作问题

PPP 模式的运作问题是指 PPP 项目有关合作形式、开展方式方面的问题。PPP 模式的会计、财务、税务、审计等问题均为涉及 PPP 项目某一方面的具体问题，而 PPP 模式的运作问题则是针对整个 PPP 流程的宏观问题，对运作问题的分析将是对会计、财务、税务、审计等问题进行分析的基础。本章针对 PPP 的运作问题展开详细讨论。首先，探讨 PPP 模式运作遵循的基本依据，即 PPP 模式的运作原则和运作机制。其次，对现有 PPP 模式的运作方式进行分类阐述，并归纳选择 PPP 运作方式所遵循的原则。最后，在各运作方式的基础上，阐述 PPP 模式的具体运作流程，为后续章节财会角度的专业解读奠定基础。

第一节　PPP 模式的运作原则

PPP 项目的成功运作需要相应的运作原则及运作机制，作为 PPP 项目运作过程中的宏观指导。运作原则及运作机制的确定多与 PPP 项目的自身特性有关。PPP 项目本身具有复杂程度高、参与方多、运作周期长、项目性质特殊等特点，政府应当依据 PPP 项目的特点，制定相应的运作原则及机制，以保障 PPP 项目的顺利开展。

一、利益共享与风险共担

PPP 的内涵在于合作双方能够充分参与到 PPP 项目的整个流程当中，并在运作过程中充分发挥双方优势。一方面，政府对项目实施监督管理，解决项目建设资金不足的问题，实现提供优质公共基础设施和公共服务的目标；另一方面，私营部门在项目运营过程中，通过收取补偿款和取得收费权的方式获得回报，实现了私营部门的盈利目标。从而，政府和私营部门双方通过 PPP 项目实现利益共享。

风险和收益是相匹配的，政府和私营部门在实现各自利益的同时也承担相应的风险。合作双方应当根据参与者的角色对项目风险进行分配，与参与者获取利益的形式相匹配。例如，政府应当承担与政策环境、法律环境变化相关的风险，而私营部门应当承担与项目实际建造有关的风险。

　　总而言之，PPP 项目顺利、成功的运作离不开政府和私营部门双方的努力，在实际运作过程中不应轻视政府为采购招标、项目监督做出的贡献，也不应否认私营部门为项目建设、项目运营做出的努力。只有政府和私营部门双方都明确自身的权利与义务，对自身承担的风险设计处理方案，共担风险，才能够最终实现利益共享。

二、定价补偿与融资协助

　　PPP 项目的范围主要指公共基础设施和公共服务，因而其建造过程通常较为复杂，建设周期较长，所需资金量庞大。为解决项目建设期间私营部门投资多、回报少的问题，政府应当为私营部门提供支持，以帮助私营部门渡过项目建设阶段的难关。

　　通常，政府会以各种方式补偿私营部门建设阶段发生的支出。一是土地优惠。PPP 项目建设过程中，土地资产是极为重要的资源，一方面土地资产在项目建设过程中不可或缺，另一方面土地资产的取得需要高额对价，这为私营部门带来巨大的资金压力。因而，政府通常会与私营部门商定一个较低的转让价格，或者是将土地无偿提供给私营部门使用，从而降低私营部门的前期投资成本。二是税收优惠。税收优惠具有覆盖面广、执行成本低等优点，对于政府而言是非常实用的补偿手段。涉及税收优惠的税种通常包括增值税、企业所得税、土地增值税、土地转让税、契税等，具体内容将在第六章进行讨论。三是运营补偿。由于 PPP 项目多为经营性质较弱的公共项目，运营该项目的盈利能力有限，政府通常对项目公司经营收入不足的部分予以补偿。目前政府补偿项目公司的方式有两种。一是授予项目公司就 PPP 项目向第三方收费的权利，二是在项目运营期间定期向项目公司支付补偿款，或项目公司就 PPP 项目向第三方收费低于某一限定金额时向项目公司补足差价的支付方式。运营补偿能够保证在项目运营期间盈利能力达到私营部门预期。

此外，政府还可以通过协助融资的方式为私营部门提供资金援助。虽然政府采用 PPP 模式建设公共基础设施的主要目的是借助私营部门的资金优势，但由于项目公司主要采取银行贷款方式进行融资时，一方面缺乏相应的抵押资产，另一方面融资期限较长，导致项目公司融资利率较高，增加了私营部门投资项目建设的成本。因而，除上述常规方法外，政府也可以通过协助融资帮助私营部门筹措资金，具体措施主要包括政府性基金、债券融资、为项目公司提供担保等。

三、履约保证

当政府确定了与其进行 PPP 项目合作的私营部门后，意味着双方可能要进行长达数十年的合作，以完成整个 PPP 项目的建设、运营、移交等工作。在如此长的时间跨度内，政策环境、市场环境、法律环境等很可能发生变化。为保证合作双方履行各自的义务，同时为上述原则的落实提供保障，需要在合同中对双方的权利及义务作出具体规定。

在项目谈判阶段，私营部门主要承担的责任即解决融资问题，主要分为确定融资方式、达成融资协议、完成融资几个步骤。PPP 项目多采取股权与债权相结合的融资方式，其中股权融资多为政府与私营部门共同出资，但其出资额所占比例较小。PPP 项目更多依赖外部融资手段，其中最常涉及的方式为银行贷款，也涉及长期基金、长期债券、资产证券化等方式。

在合作过程中，由于政府往往占据强势地位，政府需要对自身责任作出明确承诺，主要涉及以下四个方面：第一，为确保项目按计划、按期限开展建设、运营工作，政府应对项目公司的各项审批及时做出反应。第二，政府应当积极支持项目建设与运营，及时为项目建设运营所需的资金、设备、土地等资源提供支持。第三，在前述"定价补偿与融资协助"中谈到，在提供项目资源时，政府应当以补偿款、税收优惠、商定价格等形式为项目公司提供资金帮助。第四，政府不得以其他形式妨碍该项目的建设、运营，包括在本地区准许其他同类项目的建设、运营等。

合同除规定权利和义务外，还需对其他相关问题作出具体规定。例如，在

PPP 项目的实际运作过程中，由于合作双方立场不同，可能出现针对项目具体执行方案的分歧，因此在契约中应当对争议解决方案作出规定。再如，PPP 项目时间周期较长，随着政策、法律环境的变化，项目运作方案可能需要适时进行调整，以确保项目继续运行。总之，在 PPP 项目漫长的运作周期中，合作双方应当秉承契约精神，切实履行合同规定的各项义务，让合作协议成为 PPP 项目成功运作的最基本保障。

第二节　PPP 模式的运作方式

一、世界银行对 PPP 模式运作方式的分类

世界银行考虑到项目资产所有权、经营和维护主体、投资者关系、商业风险、合同期限等因素，将 PPP 模式的运作方式分为外包类、特许经营类和私有化类等三种。

1. 外包类

外包类是以政府为主进行投资的运作方式。由于该运作方式中社会资本投资较少，对 PPP 项目的参与程度较低，因而其承担风险也较小，相匹配的收益也较低。在外包类运作方式中，项目公司既不享有项目所有权，也不享有项目收益权，仅就项目提供的服务向政府收取费用。由于外包类方式仅涉及相关服务的交易，不涉及项目所有权和收益权的变更，其经营年限也相对较短。

2. 特许经营类

特许经营类是社会资本参与全部或部分投资，并与政府实现利益共享、风险共担的运作方式，也是当前 PPP 运作方式中运用最为广泛的一种。由于在特许经营模式中，项目所有权归政府所有，而项目收益权归项目公司所有，既满足了公共基础设施公益性的要求，又兼顾了项目公司盈利的要求，是充分发挥

政府和项目公司双方职能的一种合作方式。

3. 私有化类

私有化类是以社会资本进行全额投资的运作方式。与外包类相反，私有化类中项目公司将为 PPP 项目承担全部投资，并完全享有项目的所有权和收益权，对项目公司而言属于风险大、收益高的运作方式。私有化类多为项目公司新建一个项目，其项目标的通常不涉及存量项目，因而其运作周期也相对较长。在私有化类运作模式中，政府主要扮演监督、管理角色，以确保该项目的公益属性。

在每种运作方式中，又可以根据其具体形式不同进一步分类，其常见形式如表 3-1 所示。

表 3-1　　　　　　　　　　常见 PPP 运作方式分类

一级分类	二级分类	
	简称	全称
外包类	DBO	设计—建设—运营
	OM	委托运营
	MC	管理合同
特许经营类	BOT	建设—运营—移交
	TOT	移交—运营—移交
	ROT	重构—运营—移交
私有化类	BOO	建设—拥有—运营
	PUO	购买—更新—运营

二、我国财政部对 PPP 模式运作方式的分类

根据财政部《关于印发政府和社会资本合作模式操作指南》（以下简称《操作指南》）的规定，PPP 模式分六种具体运作方式，即 O&M 模式、MC 模式、BOT 模式、BOO 模式、TOT 模式及 ROT 模式。

1. O&M 模式

O&M 模式是指委托运营（Operations & Maintenance）。在 O&M 模式中，项

目公司仅负责对项目进行经营和维护，并不负责与项目相关的其他事项。与上述整体外包类不同，O&M 模式属于模块化外包，即政府仅将与经营和维护有关的事项进行外包，且仅为该项外包承担服务费用。

（1）主要特征：政府拥有项目资产所有权；政府需承担融资、建设风险、商业风险；私人部门负责运营和维护公共设施；政府将运营风险转移给私人部门。

（2）适用范围：政府的诸多服务，如水厂、污水处理、垃圾处理、道路的维护、公园的维护、景观的维护、停车场等等、都可以采用这种方式。

（3）优点：政府仍然拥有所有权；提升了潜在的服务质量与运营效率；成本的节约。

（4）缺点：面临社会公众不同意外包的风险；一旦私人部门不按照合同约定履行义务，那么再进入服务的成本将会很大；存在着削弱所有者控制及降低了对社会公众的需求变化的反应力的可能。

2. MC 模式

MC 模式即管理合同（Management Contract）。与 O&M 模式类似，MC 模式亦属于模块化外包，但 MC 模式在 O&M 模式的基础上增加了负责用户服务的内容，即项目公司需要对经营、维护、用户服务三方面负责，政府仅对此三方面外包事项支付管理费用。

（1）主要特征：政府拥有项目资产的所有权；私人部门负责提供专业的技术服务；政府负责为项目融资；所有风险需由政府承担；期限一般为几个月，最长为 5 年。

（2）适用范围：公用事业中的一些特殊服务项目，如公路收费、抄表、垃圾收集、清洁等服务项目。

（3）优点：政府拥有所有权；政府获益于私人部门的专业服务；潜在的成本节约；服务质量的提高。

（4）缺点：政府仍承担投资、运营等大部分责任；服务分割进行外包，也可能增加成本。

3. BOT 模式

BOT 模式即建设—经营—移交（Build - Operate - Transfer）是当前最为常见的 PPP 运作方式，多数有关 PPP 项目的规范文件均指向 BOT 模式。在 BOT 模式中，政府与私营部门在确定 PPP 项目后，首先成立项目公司，以项目公司作为该 PPP 项目的运作主体。随后，项目公司即负责该 PPP 项目的融资、建设、运营一系列工作，享有该项目收益权，在项目运营过程中收取来自政府的补偿或来自第三方的费用。项目公司并不拥有项目所有权，因而在项目运营期结束后，项目公司需要把项目移交回政府。

BOT 模式最大的优点在于融合了政府和私营部门双方的优势，政府方面充分发挥了对项目的管理职能，私营部门方面则通过提供资金支持增强了项目的建设、运营能力，也减少了政府的债务负担，在实现较快推进公共基础设施建设的同时也为项目公司带来收益。BOT 模式的缺点在于其运作流程较为复杂，因而在微观层面需要政府对各项审批事项及时做出响应，以确保项目公司能够按时、按进度进行项目的建设与运营；在宏观层面则需要相关规定进一步规范 BOT 模式的运作流程，明确政府与私营部门双方的权利和义务，做到利益共享、风险共担。

此外，在 BOT 模式下还衍生出许多相关运作模式，包括 BOOT 模式（建设—拥有—经营—移交，Build – Own – Operate – Transfer）、BLT 模式（建设—租赁—移交，Build – Lease – Transfer）等。BOOT 模式中，项目公司在项目运营期间享有项目所有权，而在运营期满时则将项目资产及其所有权一并移交给政府。BLT 模式则是在项目公司完成项目建设后，项目公司将该项目租赁给政府，由政府负责该项目的运营、维修、保护等工作，并在运营期满时将项目资产及其所有权移交给政府。

（1）主要特点：政府拥有项目资产的所有权，委托私人合作者投资兴建和运营公共基础设施。在该过程中，私人合作者负责项目的融资，政府将建设风险、融资风险和运营风险转移给了私人合作者。

（2）适用范围：大部分的公共设施都适用于这种模式。

（3）优点：私人合作者具有丰富的建设和运营经验，在节约各项建设成本的同时，能够保持对社会公众的服务水准和绩效的标准不变；与建设—经营—转让（BOT）操作模式相比，这种模式可以避免法律、管制和民事责任承担等问题。

（4）缺点：由于社会资本的逐利性较强，政府的购买成本也相对较高，因此，对于解决政府财政困难的现状无疑作用有限；另外，如果私人合作者出现破产或绩效的欺诈问题，政府要替代私人合作者或者终止合作协议，可能会遇到一些困难和麻烦。

4. TOT 模式

TOT 模式即移交—经营—移交（Transfer – Operate – Transfer）。TOT 模式中，社会资本通过第一次移交同时获得项目收益权和项目所有权，随后社会资本负责该项目的运营、维护工作，并在运营期满时将项目收益权和所有权一并交还给政府。TOT 模式与 BOT 模式的最大区别在于，TOT 模式在项目运营期间，项目所有权归属于项目公司，因而涉及 TOT 模式中的项目移交过程时，处理程序更加复杂。

（1）主要特点：某一现有的基础设施的所有权先转移到改善和扩建此设施的私人合作者的手中，协议约定该基础设施的所有权和经营权在一段时间内归私人合作者所有，直到其收回投资并得到合理的回报，在特许经营期满后，所有权再由私人合作者转移给政府。该种操作模式转移了基础设施的运营风险，同时私人合作者还要承担项目改扩建的融资风险。

（2）适用范围：适用于大部分基础设施和其他公共设施。

（3）优点：如果政府部门与私人合作者的协议得到了良好的履行，政府能够对标准和绩效进行一定的控制，而且不承担所有和经营相关的成本。同时，一定时间内的资产转移能够降低政府经营的成本，而私人部门的运营则能够保证项目建设和经营的效率。

（4）缺点：在私人合作者破产或者经营绩效不佳的情况下，政府要替代私人合作者存在一定的困难。而且该操作模式具有一定的期限，在该期限届满后，政府重新成为基础设施的提供者。项目在政府与私人合作者之间转换的过程中可能存在相关工作人员重新安置的问题，在民营化的过程中也可能出现其他相关问题。

5. ROT 模式

ROT 模式即改建—经营—移交（Rehabilitate – Operate – Transfer）。ROT 模式则是在 TOT 模式的基础上，增加了改建内容，即社会资本通过移交取得该项目时，首先对该项目进行改扩建，增加新功能或使其原有功能更加完善，随后再履行该项目的经营、维护、用户服务等义务，最终移交给政府。其特色在于改建过程更能满足当前政府对该项目的功能需求，以便社会资本更好地运营该项目。

6. BOO 模式

BOO 模式即建设—拥有—经营（Build – Own – Operate），是一种较为常见的 PPP 运作方式。在 BOO 模式中，政府将建设、经营该项目的权利赋予私营部门后，项目公司即负责该项目的融资、设计、建造、经营、维护等各项工作。与 BOT 运作方式不同的是，项目公司在建设 PPP 项目时以自己的名义进行建造，且在建造前后项目所有权均归项目公司所有，政府既不享有项目所有权也不享有项目收益权，仅需要向项目公司支付相应的费用，以确保项目公司的盈利以及项目的正常经营。

（1）主要特点：社会资本拥有资产所有权并承担项目的所有风险。

（2）适用范围：通常是运营成本相对较大、项目规模相对较小、对公共利益影响也不大的项目。

（3）优点：政府部门不需要进行融资和投资，也不介入公共设施的建设或者经营；政府通过征收税收而增加收入。

（4）缺点：社会资本可能不愿建设或者经营具有公共利益性质的设施或者服务。

三、国家发改委对 PPP 模式运作方式的分类

根据《国家发改委关于开展政府和社会资本合作的指导意见》对 PPP 项目分类的具体阐述，将 PPP 运作方式划分为准经营性项目、经营性项目和非经营性项目三类。

1. 准经营性项目

准经营性项目是指对于经营收费不足以覆盖投资成本，需政府补贴部分资金或资源的项目，可通过政府授予特许经营权附加部分补贴或直接投资参股等方式获取的合作项目（国家发改委，2014）。根据准经营性项目的定义，准经营性项目需要建立投资、补贴与价格的协同机制，为投资者获得合理回报积极创造条件（王芳，2016），因此，这类 PPP 项目类型的付费机制可以归纳为"使用者付费＋可行性缺口补助"，实质是股权合作以实现私有化。根据《操作指南》

所规定的六种 PPP 运作方式，其主要运作方式为建设—运营—移交模式。

2. 经营性项目

经营性项目是指对于具有明确的收费基础，并且经营收费能够完全覆盖投资成本且可通过政府授予特许经营权方式获取的合作项目（国家发改委，2014）。

根据经营性项目的定义，经营性项目需要依法放开相关项目的建设和运营市场，积极推动自然垄断行业（如电力、水力等行业）逐渐实现特许经营（王芳，2016）。因此，这类 PPP 项目类型的付费机制可以归纳为"使用者付费机制"。根据《操作指南》所规定的六种 PPP 运作方式，适用此类模式通常是需要在项目结束后进行移交的，因此，其运作方式有建设—运营—移交、转让—运营—移交和改建—运营—移交三种模式，其中 BOT 模式是最为常见的形式。

3. 非经营性项目

非经营性项目是指对于缺乏"使用者付费"基础、主要依靠"政府付费"回收投资资本方式（即政府购买服务方式）获取的合作项目（国家发改委，2014）。

此类 PPP 项目类型的付费机制可以归纳为"政府付费机制"，因此，根据《操作指南》所规定的六种 PPP 运作方式，适用此类 PPP 项目类型的运作方式有委托运营（O&M）、管理合同（MC）和建设—拥有—运营（BOO）三种模式，其中 BOO 模式最为常见。

四、PPP 模式运作方式的选择因素

1. 项目特点

在选择 PPP 模式的具体运作方式时，应当首要考虑该项目自身的特点，具体可涉及项目建设周期、建设类型、项目重要性及项目风险收益等内容。

建设周期及建设类型是进行运作方式选择的基本考虑因素。通常，私有化类运作方式为永久经营，特许经营类运作方式的建设、运营周期通常在 20～30 年，而外包类项目的合同期限一般不超过 10 年，据此可根据项目规模及其建设周期进行运作方式初选。建设类型是指该 PPP 项目为新建项目还是存量项目。

新建项目应当选择 BOT、BLT、BOO 等带有建设流程的运作方式，而存量项目则应当通过转让方式取得，采用 TOT、ROT 等模式，或采用 O&M 和 MC 等外包模式。

选择 PPP 模式运作方式时，还应当考虑该项目的重要性。在不同的运作方式中，项目的所有权分配不同。在外包类及特许经营类型中，通常为政府持有该项目所有权，而在私有化类型中通常为社会资本拥有该项目所有权。对于重要性程度较高的项目，应当谨慎授予社会资本该项目的所有权，防止该项目运作不当对当地经济及社会发展产生负面影响。因而，重要性较高的项目可选择 BOT、O&M、MC 等模式，而重要性较为一般的项目可采用 BOO 等模式。

在项目自身因素中，项目风险及收益是决定运作方式选择的最重要因素。项目风险与项目所在地市场化程度密切相关。如果在项目所在地已有类似项目或与该项目构成竞争关系的项目，则该项目风险相对更高。涉及风险较高的项目时，政府可通过降低自身参与度的方式规避风险，因而可以采用 BOO、BOT、TOT、ROT 等方式，给予社会资本更多参与项目建设、运营的份额。相反，项目竞争性较低时可采用外包类方式。考虑项目收益因素时，与项目风险因素具有类似思路。当项目收益情况较好时，政府可适当提高自身项目参与度，采用 O&M、MC 等外包模式，从而获得较好的收益水平。项目收益情况一般时，则可以采用 BOT、BOO 等模式，并采用补贴方式为社会资本提供资金支持，以保证 PPP 项目对社会资本的吸引力。

2. 政府因素

政府自身对于项目的运作能力和经验可能影响该项目运作方式的选择。如果政府财政支付能力较强，且具有明确地提高公共基础设施及公共服务质量的意图，表明政府实际运作能力较强，同时有能力承担更大风险。当政府运作能力较强时，可以选择政府控制比例较多的运作方式，如 O&M、MC 模式等；政府运作能力较弱时，政府更倾向于通过 PPP 项目实现融资而不是提高服务质量，因而可采用 BOO、TOT、ROT 等对资金需求较低的运作方式。

如果政府能够基于以往 PPP 项目的运作过程，在方案设计、招标、采购、监管、风险控制等流程中能够选择更为优质的执行方案，可以视为政府具有运作 PPP 项目的经验。政府的运作经验较为丰富时，可以选择诸如 BOT、TOT、ROT 等运作较为复杂的运作方式，从而充分满足政府自身对于提高设施、服务质量的要求的同时，满足社会资本的盈利要求；政府运作能力较差时，可以减少社会资本在该项目中的参与度，采用 O&M、MC 等模式。

3. 社会资本因素

社会资本的能力也是影响 PPP 运作方式选择的重要因素。社会资本的能力可以从其融资能力和管理能力两方面予以考量。政府选择与社会资本进行合作的重要目标之一是解决融资问题，如果社会资本具有较强的融资能力，将对项目推进产生重要的推动作用。同时，如果社会资本具有出色的管理能力，也能够助推项目在建设、运营阶段的良好运作。如果评估认为社会资本的 PPP 运作能力较强，可以选择 BOO、PUO 等方式，充分发挥社会资本能力较强的优势。

4. 外部环境

在选择 PPP 项目具体运作方式时，还应当考虑相关法规对于运作方式的规定。我国财政部具体规定了六种可采用的运作方式，即 O&M、MC、BOT、TOT、ROT、BOO 六种模式。其中，对 BOT 模式的规定最为明确，涉及具体的会计处理方法等内容，这就使得政府实际选择运作模式时，更倾向于选择 BOT 模式，以便在 PPP 项目实际运作时，执行操作有据可依，减少与社会资本间的纠纷。因此，法规政策的完善性可能影响运作方式的选择。税收优惠涉及具体运作方式时同样可能影响运作方式的选择。

第三节　PPP 模式的运作流程

一、PPP 模式融资的主要参与方及其职责

1. 政府

一般而言，除在民间主动融资（Private Finance Initiative，PFI）运作模式下，PPP 项目的牵头人均为政府。政府通常在项目前期的参与度较高。首先，政

府需要根据当地的发展规划及现实情况，对 PPP 项目进行识别，并论证项目建设的必要性和可行性。其次，根据该项 PPP 项目的特点、政府自身因素及外部环境因素，选择适合于该项目的 PPP 运作方式。再次，对项目进行包装，并通过招标方式选择进行合作的私营部门，并与私营部门共同成立项目公司。在项目前期，政府通常利用自身权力及财政资金为项目提供支持，而在项目的实际执行阶段，涉及项目建造、运营时，政府的参与度则较低。最后，根据所选择的运作方式，确定该项目是否需要移交给政府。

2. 私营部门

私营部门是 PPP 项目中最终中标的企业，其性质可以是国有企业，也可以是民营企业。私营部门作为 PPP 项目中政府的合作人，通常具有融资能力强、技术及管理手段先进的特征，具有足够的能力承担该项 PPP 项目。在项目融资阶段，私营部门通常负责大部分资金的筹集，并在运营阶段为项目公司提供帮助。

3. 项目公司

项目公司是政府和私营部门共同出资组建的特殊目的实体（Special Purpose Vehicle，SPV）。项目公司为执行项目专设，负责 PPP 项目的融资、设计、建造、运营及维护工作。在项目前期，项目公司承担大部分融资任务；项目建设期，项目公司负责该项目的设计与建造，或作为总包人将该项目分包给承包商；在项目运营期，项目公司通过运营收入及政府补贴获取盈利，实现自身利润目标；运营期满时，根据所选择的运作方式，确定该项目是否需要移交给政府。

4. 金融机构

PPP 项目的资金来源不仅包含政府和私营部门对项目公司的直接投资，也包括银行贷款、融资租赁、信托或其他方式筹措的资金。金融机构以债务方式为 PPP 项目提供资金支持，为项目成功运作提供了很大帮助，因而也是 PPP 项目的重要参与者之一。金融机构为保证按时收回贷款，保障自身利益，通常需要对项目的性质、盈利情况进行调查，以确保该项目的运营收入中有足够多的部分用于偿还债务，随后金融机构根据项目实际情况与项目公司商定融资条件，最终签订融资合同。

5. 承包商及供应商

在项目建设阶段，承包商与项目公司签订承包合同，负责该项目的建设工作。承包合同不仅包括施工部分，也包括施工前的设计、采购环节，因此按具体环节承包商也可以分为设计单位、采购单位、建设单位。供应商是在项目建设采购过程中或项目运营过程中为项目提供必要材料的单位。承包商及分包商的设计、建设质量以及供应商提供的材料质量将直接影响项目的最终质量，进而影响到项目运营阶段的盈利能力。选择优秀的承包商及供应商对 PPP 项目的质量及盈利能力而言具有重要意义。

6. 运营公司

运营公司是在运营阶段，受托对 PPP 项目运营的单位。在运营阶段，项目公司与运营公司签订运营合同，由运营公司负责 PPP 项目的运行、管理、维护及收费。

7. 咨询机构

咨询机构是在 PPP 运作全过程中为项目公司提供各项帮助的参与者。在项目融资阶段，融资咨询机构可以协助项目公司分析各项融资方案的利弊，综合各项因素选择最适合于项目公司的融资方式；在税务方面，税务咨询机构可以为项目公司税收事项的处理流程提供参考意见，帮助项目公司规避或减少税务风险；在管理方法层面，管理咨询公司可为项目公司提供更为科学的管理方案，以优化项目建设和运营过程中的管理方法；在风险控制方面，风险管理咨询机构可以协助分析项目存在的补偿风险、资金风险、市场风险等各项风险，并为其制定合理的风险应对方案。咨询公司虽然仅为项目公司提供辅助服务，但也为项目的顺利运作起到重要的作用。

8. 客户

客户即 PPP 项目提供产品或服务的对象。由于 PPP 项目多为公共基础设施或公共服务建设项目，客户一般指社会公众。在经营性项目中，客户需要为此项目支付相应的费用。而在非经营性项目中，客户则不需要支付使用费，由政府向项目公司提供运营补贴。

二、PPP 模式的运作流程

根据《关于印发政府和社会资本合作模式操作指南（试行）的通知》中，

将 PPP 项目的运作流程分为五个环节，分别为项目识别、准备、采购、执行、移交。本节以项目公司为主体，将 PPP 模式的运作流程分为项目公司成立、项目建设、项目运营管理及项目移交四个阶段。在某些运作方式中，可能不存在完整的四个阶段，例如在 BOO 模式中不存在项目移交阶段。因此，本书所讲的运作流程是不针对具体运作方式的一般运作流程。

1. 项目公司成立阶段

按照以项目公司为主体的分类方式，项目公司成立阶段是指项目执行前开展的一系列准备工作，可分为项目识别、项目招投标、合同谈判、成立项目公司及项目融资五个环节。

（1）项目识别。

随着社会经济的发展，城市公共基础设施及公共服务的新增需求逐渐显现。如果政府既具有对公共基础设施及公共服务的需求，又面临资金紧张的现状，政府将考虑采用 PPP 模式进行公共基础设施建设。随后，政府将从市场需求、管理水平、技术水平、融资难度、盈利能力、风险水平等方面对项目进行考量，并适当参考咨询公司提供的意见与帮助，充分论证项目的可行性。

（2）项目招投标。

项目可行性论证通过后，政府将会开展项目招标工作，以寻找参与合作该 PPP 项目的私营部门。政府可采用公开招标、竞争性谈判、竞争性磋商等方式开展招标工作。招标过程可分为以下几个步骤：

一是发布公告。政府应当将项目的基本情况、对中标人的要求、资格审查程序等内容以公告的形式向社会公众发布，有意向的投标者可先进行意向登记。意向登记的主要目是对投标者进行初步筛选，降低筛选成本，提高筛选效率。

二是资格审查。政府应当根据意向登记者所提供的资料，对登记者的资质进行审查，重点考察其财务能力、技术水准、管理水平等方面，判断其是否具有胜任该项目的能力。

三是投标。通过前述资格审查的登记者既可参与竞标。相较于意向登记环节，在竞标环节投标者应当提供更为详细的资料，包括项目可行性分析、项目融资方案、项目建设方案、详细的技术建议、项目运营管理方案、项目替代方案等内容。最终，投标人在规定时间内向政府提交投标书。

四是评标和定标。完成投标环节后，政府根据投标人提供的标书对投标人进行筛选，并最终确定中标者。政府对投标者进行筛选时，应当充分考虑投标者对项目主要目标的实现能力，包括提供高质量的公共基础设施、降低使用者开支等。筛选程序应当在公告中预先公布，以便投标者提供更加符合要求的标书，政府也更容易选择符合标准的投标人。

（3）合同谈判。

合同谈判环节，政府和中标社会资本将对特许经营权合同的具体条款的进行谈判，谈判内容主要围绕双方的权利和义务进行展开。由于合同谈判环节涉及后续的融资、建设、运营管理、移交等各阶段，谈判过程通常较为复杂，耗时也相对较长。如果政府与第一中标人未能达成特许经营权协议，政府将与第二中标人继续进行谈判，以此类推。最终，与政府达成协议的中标人将成为最终的项目合作人，与政府签订特许经营权合同。

（4）成立项目公司。

签订特许经营权合同后，政府和中标人将按照合同约定，在规定时间内共同出资成立项目公司。项目公司是执行项目的主体，将在后续阶段负责项目融资、项目建设、项目运营管理及项目移交等一系列工作。

2. 项目建设阶段

项目公司成立之后，开展建设工作之前，将由项目公司与金融机构签订融资合同进行融资，以确保建设期间项目公司拥有充足的资金支持建设工作。项目建设通常采用整体外包的形式，与建设公司签订总承包合同，随后建设公司作为总包方可将项目的部分内容划分给分包方。由于 PPP 项目的建设工作通常较为复杂，建设周期较长，项目公司为确保满足政府所提出的项目质量要求，应当对总包方的设计、施工过程进行监督，确保项目按期完成，并对总包方的支出进行合理控制。待项目建成后，由项目公司对项目质量检验通过，项目建设期、建设支出等方面符合要求时，由总包方将完工项目交付给项目公司。

3. 项目运营管理阶段

项目运营管理阶段是项目公司实现自身盈利目标的关键阶段。根据项目运作方式的不同，对项目进行运营管理的主体也不相同，项目可由政府进行运营管理，也可由项目公司或其委托的运营公司进行运营管理。参与运营 PPP 项目的主体应当拥有优秀的管理能力、技术水准及运营经验，充分利用项目的盈利能力，早日偿还贷款，获取属于运营方自身的利润。如果该项目由运营公司进行运营管理，政府应当对其运营过程进行监督，确保该项目运营过程中为社会公众提供优质的服务，同时避免项目公司为骗取政府运营补助而采取不当运营管理行为。

4. 项目移交阶段

项目运营期满时，项目公司根据项目运作方式确定该项目是否需要移交给政府。项目公司所移交的内容不仅包含项目本身，还应包含管理项目所使用的资产设备、项目土地使用权、与项目相关的设施配件、项目运营维护人员、项目相关技术信息、项目相关文件材料等内容。项目公司进行项目移交时，应当确保该项目处于良好的状态下，满足技术性能要求，能够通过性能测试。移交后，社会资本方应当积极配合政府做好移交后项目的平稳过渡工作，以确保政府能够正常运营该项目。

第四章
PPP模式的会计问题

PPP 是政府资本和社会资本的合作，是经济、金融深化后发展的产物，在世界范围内被广泛应用。近年来我国各地政府迅速增长的基础公共设施建设需求促进了 PPP 的发展，但因缺乏统一的规范性文件指导，在具体实施 PPP 模式时存在一定的限制。在财务领域，现阶段我国对于 PPP 项目的会计核算尚未出台相应的法律法规加以规范。PPP 项目按地域可以分为中国境内 PPP 项目和"一带一路"沿线国家 PPP 项目（中央财经大学政信学院，2018）。此外，现阶段对于如何做好 PPP 模式下的会计核算的研究较多，但鲜有对 PPP 模式下的会计进行确认、计量、记录和报告全方位分析。因此，本章从中国境内 PPP 模式的两大会计主体视角，分析由于会计主体不同可能会带来的诸如会计目标、会计核算依据及会计核算机制等方面的相关问题；此外，剖析 PPP 模式下的会计信息披露工作的现状，并就现阶段所存在的问题提出相应的应对措施；最后，依据不同的 PPP 项目类型，基于 PPP 模式全生命周期视角，对中国境内 PPP 模式会计信息披露内容按照政府主体和社会资本主体两个方面进行分析。

第一节　PPP 模式的会计主体

不同会计主体给 PPP 模式会计所带来的主要问题体现为两大会计主体是否采用统一会计准则对 PPP 项目进行确认、计量、记录和报告（即会计信息披露）以及如何尽快制定出有关 PPP 模式会计信息披露的规范文件。针对是否采用统一会计准则问题，目前的普遍观点是各自遵循自身所适用的会计准则体系进行信息披露（黄立和王治，2016）。针对后者，目前流行的观点是借鉴国际有关 PPP 项目会计核算及信息披露的先进经验，制定符合我国 PPP 项目的相关规范文件（黄立和王治，2016；应益华，2016；刘懿，2017）。国际上可供借鉴的文件有国际财务报告解释委员会发布的《解释公告第 29 号——服务特许权安排：披露》（SIC29）和《国际财务报告解释公告第 12 号——服务特许权安排》（IF-RIC12）。因此，要对 PPP 模式的会计主体有所认知，并了解由 PPP 模式会计主体所带来的差异点。

一、PPP 模式的会计主体及其核算原则

政府概念一般有广义和狭义之分。广义的政府是指行使国家权利的所有机关，包括立法、行政和司法机关；狭义的政府是指国家权力的执行机关，即国家行政机关。在 PPP 项目里主要采用狭义视角的政府概念。政府作为 PPP 项目资产的所有者，有强制税收和独立运用资金的权力。因此，政府是 PPP 项目的主要参与方之一，属于提供会计信息的单位，应当将政府确立为会计主体之一。

社会资本是指已建立现代企业制度的境内外企业法人，但不包括本级政府所属融资平台公司及其他控股国有企业[①]。为建设 PPP 项目，政府和社会资本需商定成立 PPP 项目公司。项目公司作为 PPP 项目的建设方，应当作为一个会计主体独立核算。因而，在 PPP 项目中，至少应当确立两个会计主体，即政府和项目公司。

政府和项目公司分别作为一个会计主体，应当对 PPP 项目相关的交易事项进行确认、计量和报告。在会计主体的核算原则方面，在核算过程中需要考虑以下原则。第一，核算内容。如果 PPP 项目相关事项影响了会计主体的利益，则会计主体应当将该事项进行会计记录。第二，核算立场。政府和项目公司在进行会计核算时，应当站在自身的利益立场上对相关项目进行确认。第三，核算界限。在进行会计核算时，应当划清政府与项目公司间的利益界限。从产权归属的角度进行分析，由于项目建设完毕后 PPP 项目可能需要由项目公司移交给政府，项目公司本身不享有该项目的所有权，PPP 项目的所有权应当归属于政府，政府应当确认与所有权相关的利益及事项，而项目公司建设 PPP 项目的目的是获取来自项目的收益，因而项目的收益权归属于项目公司，项目公司可以将政府所赋予的特许权相关的收益进行确认。例如，政府需要参考政府财政统计手册及国际公共部门会计准则对 PPP 项目建设的资产价值予以确认；项目公司则针对 PPP 项目的收入及费用进行确认，根据收入类型的不同分别确认"建造合同收入"及"营运服务收入"，并根据所确认的收入对相配比的费用进行确认。

---

① 财政部：《政府和社会资本合作模式操作指南（试行）》，2014 年。

二、政府会计主体

公共基础设施的功能取决于政府搜集的公共需求，政府需要对 PPP 项目的建设、运营、移交整个阶段实施控制，以确保公共设施建设工程按时按质按量完成。政府为监控 PPP 项目建设过程中的项目进展情况、资金使用状况、项目建设质量，需要采用会计核算的方式对 PPP 项目的有关内容进行记录、确认和计量，从而实现对项目建设的事中控制，保证项目建设的进度和质量。项目的建设进度及建设质量与政府利益密切相关，政府应当重视 PPP 项目中的会计核算问题，以对项目公司实施必要的控制。

以政府为主体的 PPP 项目会计处理方式有显著的特点：PPP 项目在建设期主要依据《企业会计准则第 14 号——收入》按权责发生制进行处理，能够及时依据完工进度确认项目所建资产；而政府部门属于行政事业单位范畴，会计处理多按收付实现制原则，其优势在于能够清晰反映项目的现金流状况，但不便于政府部门对项目的建设情况进行把控，导致政府部门对项目建设情况缺乏全面了解，继而影响到公共基础设施的正常使用和收益分配问题。因而对于政府部门而言，需要在会计核算层面采取相应措施。

第一，在项目建设开始前，严格依据政府采购法的相关要求，采用公开招标为主、其他采购方式为辅的采购方法。第二，在项目建设全过程中，为保证核算工作的独立性与准确性，需要对会计核算过程进行审核与监督。第三，对于项目建设过程中资产的记录，由于收付实现制和权责发生制对项目建设资产的统计口径存在差异，应以权责发生制为基础，将 PPP 项目资产按照统一标准进行记录。第四，在项目建设期间，应当对会计核算内容进行定期披露，使整个项目进展、资金流向更加透明。第五，当项目建设完毕，政府接管完工项目之前，还需要对完工项目进行全面审核，以确保完工项目的质量。

三、项目公司会计主体

对于项目公司而言，公共基础设施的建设需要占用本公司的资源，同时本公司从该项目中分享利润，对该建设项目采用适合的会计方法进行会计核算是项目公司的义务。此外，对 PPP 项目进行全面的会计核算也有利于项目公司对项目建设情况的全面了解，及时按照项目完工进度确认收入及费用，合理规划现金流，保证项目如期完成。

项目公司会计主体进行会计核算需要把握的原则包括三个方面。第一，会计核算应当以会计原则为蓝本，减少失误及偏差，为会计信息质量提供基本保证。第二，对 PPP 项目建设的流程保持高度关注，严格按照项目建设流程进行相关项目的会计确认。第三，采用适当的会计方法对 PPP 项目内容进行反映，既要避免由于会计方法过于复杂导致可操作性不足的问题，又要避免会计方法设计过于简单导致的准确性不足、虚假确认、利润操纵等问题。

政府和项目公司对 PPP 项目的具体会计核算可以分为四个阶段，即项目公司成立阶段、项目建设阶段、项目运营阶段及项目移交阶段，有关四个阶段会计核算的具体原理及核算方法将在本章第四节展开。

第二节　PPP 模式的会计核算理论分析

一、会计核算依据及基础

在我国，PPP 项目的会计主体不同，其可能选择的会计核算制度也不同，因此，会计要素在确认、计量、记录和报告四环节亦均有所不同。

1. 政府

在会计核算依据方面，目前我国政府会计准则正处于权责发生制政府综合财务报告制度改革阶段，发布了《政府会计准则——基本准则》和一部分具体准则。但通过公开发布的准则来看，较少提及有关 PPP 模式的条款[1]。因此，政

---

① 例如《政府会计准则第 5 号——公共基础设施》规定：采用政府和社会资本合作模式（即 PPP 模式）形成的公共基础设施的确认和初始计量，适用其他相关政府会计准则。

府主体在 PPP 项目会计核算及信息披露上还没有统一标准。

在会计核算基础方面，政府会计由预算会计和财务会计构成，其中，预算会计实行收付实现制（除国务院另有规定外），财务会计实行权责发生制（财政部，2015）。

2. 项目公司

项目公司会计核算的依据是《企业会计准则》等相关会计规范。2008 年，针对企业运用 BOT 进行公共基础设施建设，我国财政部出台了《企业会计准则解释第 2 号》（以下简称"解释第 2 号"），提出了 BOT 项目的界定、资产的核算、收入的核算以及 BOT 项目追溯调整等方面的会计处理指引。因此，解释第 2 号的发布为采用 BOT 运作方式的 PPP 项目会计核算提供了依据，有助于政府和其他利益相关方了解项目进度及财务状况。

在会计核算基础方面，财务会计的核算基础通常是权责发生制。

二、PPP 项目会计核算目标

1. 政府

政府会计主体应当编制决算报告和财务报告。其中，决算报告的目标是向决算报告使用者提供与政府预算执行情况有关的信息，综合反映政府会计主体预算收支的年度执行结果，有助于决算报告使用者（包括各级人民代表大会及其常务委员会、各级政府及其有关部门、政府会计主体自身、社会公众和其他利益相关者）进行监督和管理，并为编制后续年度预算提供参考和依据。财务报告的目标是向财务报告使用者提供与政府的财务状况、运行情况（含运行成本，下同）和现金流量等有关信息，反映政府会计主体公共受托责任履行情况，有助于财务报告使用者（包括各级人民代表大会常务委员会、债权人、各级政府及其有关部门、政府会计主体自身和其他利益相关者）做出决策或者进行监督和管理（2014）。政府是为国家、社会和人民服务的，其会计目标可以归纳为推进政治体制改革观、管控与资源配置观、受托责任观和决策有用观，其中前两个目标是我国政府会计工作目前最关注的第一阶段目标，后两个目标是我国政府会计为实现国际趋同而需继续努力的第二阶段目标（陈志斌，2012）。

2. 项目公司

项目公司作为企业，其企业财务会计目标是向投资者、债权人、政府及其有关部门和社会公众等财务会计报告使用者提供与企业财务状况、经营成果和现金流量等有关的会计信息，反映企业管理层受托责任履行情况，有助于财务会计报告使用者作出经济决策。项目公司是由企业承担的，是以利润最大化为最终目标，项目公司的会计目标可以归纳为受托责任观和决策有用观。

为确定项目公司会计核算目标，首先需要确定会计的职能。会计的职能主要包括反映与管理两个方面。在 PPP 项目中，反映职能是为公共部门、政府部门、金融机构、监管部门以及社会公众等会计信息使用者提供 PPP 项目建设的运营情况，这与"受托责任观"的会计目标相契合。同时，由于 PPP 项目的特殊性质，项目公司所需满足的"受托责任"不仅包括为其提供资金支持的金融机构、对项目实施监控的监管机构等信息使用者提供受托责任履行情况的信息，也包括为政府、社会公众提供具有质量保证的公共基础设施服务。因此，在 PPP 项目中，"受托责任"是项目公司自身实现经济利益与项目公司为社会提供优质公共服务两方面的责任。而管理职能主要体现在明确项目所有权和收益权的归属，以会计语言的方式记录 PPP 项目的进展情况和资金流向，并对项目的执行情况进行评价与审核，以便管理者根据可靠的会计信息改善企业的经营管理。管理者利用会计信息进行经营管理决策的行为符合"决策有用观"的要求。

目前，我国 PPP 项目尚处于发展阶段，与 PPP 相关的诸多法律政策尚未健全，除 BOT 外也尚未出台专门针对 PPP 项目的会计处理方法，会计体现在 PPP 项目上的职能应当以向各方会计信息使用者反映会计信息为主，为管理者及其他相关信息使用者提供决策有用的信息为辅。因此，PPP 项目中，进行会计核算的目标应当首要满足"受托责任观"的要求，并适当涉及"决策有用观"，从而实现在会计层面助推 PPP 项目健康发展。

三、PPP 项目核算会计假设

会计假设分为会计主体假设、持续经营假设、会计分期假设以及货币计量与非货币计量共存假设。

第一，会计主体假设。有关会计主体的相关内容已在第一节详细叙述。

第二，持续经营假设。持续经营假设是指，企业的会计确认、记录、计量、报告应当以企业开展持续、正常的生产经营活动为前提，不考虑停业、大规模减产等情况，在可以预见的将来不会进入破产清算程序。对于 PPP 项目而言，其含义略有差别。在 PPP 项目正式开工之前，政府与社会资本会对项目完成期限进行商定。对于规模较大的项目，建设期可达数十年。在项目建设期内，项目公司应当保证 PPP 项目按计划建设，并在项目建设过程中按约定分配政府和项目公司自身享有的利益，同时政府和项目公司按要求承担相应的责任。因而，PPP 项目中的持续经营假设更加着眼于 PPP 项目本身，强调在项目建设期内进行持续、正常的经营，不会因为意外情况停止 PPP 项目的建设。

第三，会计分期假设。会计分期假设是指在持续经营的基础上，将持续经营期间划分为多个期间，并为这些期间编制财务报表。在 PPP 项目的建设过程中，会计期间的划分不一定要以传统的年、月作为划分标准，项目公司可以根据项目建设阶段进行会计期间的划分，从而优化会计核算和对外披露的程序。在各会计期间内，会计主体应当站在自身立场上对项目产生的收益和支出进行合理核算，从而明确会计主体的权利和义务。

第四，货币计量与非货币计量共存假设。一般而言，会计主体在对会计信息进行确认、记录、计量、报告时，应当以货币计量，以便从定量角度评价企业的生产经营情况，同时货币这一通用尺度便于不同企业间生产经营状况的比较。货币计量运用于 PPP 项目中，同样能够明确 PPP 项目相关收益和费用的分配。但是，由于 PPP 项目的特殊性，PPP 项目的完成不仅是项目公司实现自身经济利益的诉求，更是满足公共基础设施服务的要求。而对于评价公共基础设施的质量和满意程度，很难使用货币作为计量标准，通常需要使用定性评价或其他非财务定量评价标准进行评判。因而，在实现项目公司经济利益方面，应当使用货币计量；在满足社会公众利益方面，更多地使用非货币计量假设。

四、PPP 项目核算会计原则

PPP 项目核算会计原则是指在对 PPP 项目进行会计核算时需要把握的基本

原则，主要是指会计信息质量特征，也包括会计计量属性等内容。

与PPP项目会计核算有关的会计信息质量特征包括相关性、可靠性、可比性、可理解性、重要性、及时性、谨慎性和实质重于形式等特征。

相关性和可靠性是最为重要的两项会计信息质量特征。相关性是指，政府及项目公司对外提供的会计信息应当与PPP项目密切相关，会计信息使用者可以利用所提供的会计信息对PPP项目的建设、运营等情况进行评价。可靠性是指会计信息必须真实、可靠，项目公司不能以PPP项目的会计核算的复杂性为掩盖提供虚假会计信息，应当通过会计核算真实反映PPP项目的建设过程、收入和费用的确认等会计处理。

其他会计信息质量特征也对会计核算起到重要指导作用。在PPP项目会计核算中，可比性主要指横向可比，即同一或类似时间区间内不同项目公司的会计核算结果应当具有相互比较的价值，不会因为对于同一种事件或类似事件的会计处理方法不同而难以进行比较。可理解性是指提供的会计信息应当能够清晰地反映PPP项目建设、运营过程中的动态变化，向信息使用者屏蔽繁杂的会计处理流程，提供易于理解的会计信息。重要性表明了项目公司可以对核心业务内容进行重点记录，而对金额较小或重要性较低的事项可以适当简化处理。及时性是指在进行PPP项目会计处理以及对外披露时应当符合时限性要求，应于每一核算期间结束后的规定时间内对外提供会计信息。谨慎性是指在符合会计准则以及核算原则的前提下，少计资产和收入，多计负债和费用。

需要强调的是，实质重于形式在PPP项目会计核算中具有非常重要的意义。实质重于形式是指，在PPP项目的资产、负债、收入、费用等会计要素的确认过程中，应当根据业务实质对相关项目进行确认和计量。目前，PPP模式的相关制度规范尚未健全，在会计实务中可能存在业务领先于制度的问题。当PPP项目涉及的某项新业务缺少相应文件指导其会计核算时，应当采用实质重于形式的原则对其所属的要素类别予以确定。

会计计量属性包括历史成本、重置成本、可变现净值、现值和公允价值等。对于PPP项目而言，由于历史成本依据真实发生的交易事项，最能满足可靠性要求，应当将历史成本作为主要计量属性。此外，对于某些特殊项目的确认，也应当考虑其他计量属性。例如，在对固定资产的弃置费用进行确认时，应当使用现值进行计量；涉及熟悉市场情况的交易双方在公平交易的条件下自愿进行的交易，应当使用公允价值进行计量。

第三节　PPP 模式的会计核算程序

按照前述对 PPP 模式运作流程的分析，PPP 模式的运作流程可分为项目公司成立阶段、项目建设阶段、项目运营管理阶段及项目移交阶段。本节从政府和项目公司两个会计主体角度，按国家发改委所规定的 PPP 模式分类，分别分析四个运作阶段下 PPP 模式的会计核算程序及具体会计处理方法。

一、项目公司成立阶段

1. 核算要点

项目建设伊始，政府和社会资本将按照约定的比例投入资本成立 PPP 项目公司。在项目公司成立阶段，需要重点关注三个方面的问题。第一，明确会计主体。政府和社会资本作为 PPP 的双方，可能并不是指政府或企业整体，而是政府或企业内部划分得到的产权主体。因而，在进行会计核算时，需要确定产权主体是否为政府或企业整体，若不是则应当明确政府或企业内部划分出的产权主体，以此作为会计主体。第二，约定特定项目会计核算方式。考虑到 PPP 项目的特殊性，例如上面所提到的划清会计主体间利益界限、考虑项目建设期内的持续经营等问题，对资产、负债、收入、费用等会计要素的核算方式予以确定，尤其是涉及项目所有权和收益权的问题，需要双方对此类关键问题作出约定。第三，编制预算报告。在项目开工建设之前，需要为项目编制一份详细的预算报告，对项目各期间的支出作出符合客观实际的估算。预算报告能够帮助项目公司控制现金流，也有利于项目公司有计划地进行项目建设。

2. 政府会计主体核算方法

在项目公司成立阶段，尚未涉及有关项目公司会计主体的核算工作，因而主要涉及政府主体的会计核算。根据前述对 PPP 运作方式分类的介绍，在经营性项目、准经营性项目及非经营性项目中，政府未来对项目的补贴水平不同，在项目公司成立阶段所进行的会计处理方法也有所不同。

在经营性项目中，政府拥有项目的所有权，少出资或不出资，主要负责协调沟通工作。因此，主要为固定资产核算或公共基础设施核算，选哪一个会计科目取决于项目的内容属于哪类。政府通过特许经营权以放弃该资产未来几十年的运营收入为代价获得资产，因此，如果把项目运营期间的运营收入看作政府主体的"长期应收款"，则"长期应收款"就是政府主体获得该公共资产的成本（吴艳芳，2018）。

在准经营性项目中，政府与社会资本均以股东的身份，共同入股成立 PPP 项目特殊公司 SPV，且这种形式的合作周期一般都超过 10 年，此行为本质上为一种长期投资活动，因此，可以采用成本法或权益法确定"长期股权投资"成本。PPP 项目执行过程中，政府主体作为股东应按照其核算方法（成本法或权益法）确定其应享有的收益部分。

在非经营性项目中，政府主体作为付款人的角色，采用的付费机制为"政府付费机制"。在这种方式下，对于 PPP 项目的 SPV 公司所提供的公共产品或服务，使用者不需要支付任何费用，所有费用由政府承担。这种情形类似政府采用融资租赁租用 SPV 公司提供的公共资产，故形成了政府主体的一项长期应付债务。

在经营性项目、准经营性项目及非经营性项目中，政府会计主体的具体账务处理方法如表 4-1 所示。

表 4-1　　　　　　　　项目公司成立阶段政府会计主体的账务处理

项目分类	会计分录
经营性项目	借：固定资产/公共基础设施 　　长期待摊费用 　　贷：长期应收款
准经营性项目	借：长期股权投资——成本 　　贷：银行存款/无形资产
非经营性项目	借：固定资产/公共基础设施 　　贷：长期应付款——政府付费

二、项目建设阶段

政府本身并不参与 PPP 项目的建设过程，在建设过程主要涉及项目公司主体的会计处理。

1. 核算要点

项目公司建设过程中的会计核算要点主要涉及三个方面的问题，即 BOT 业务的基本处理方法、项目收益权资产类型的确定、借款费用的处理方法。

在经营性项目及准经营性项目中，项目公司对其所建造的项目并不具有所有权，应当视为项目公司为政府提供 PPP 项目建造服务，其基本会计处理方法应当按照《企业会计准则第 14 号——收入》确认相关的收入和费用。而在非经营性项目中，项目公司对其所建造的项目拥有所有权，应当按照《企业会计准则第 4 号——固定资产》中有关自行建造固定资产的规定进行处理。

根据准则解释的规定，项目收益权资产可以确认为金融资产、无形资产或两者的混合。

项目收益权资产的确认方法与政府确定让与收益权的方式有关。PPP 项目的收益权归属于项目公司，而其所有权归属于政府，相当于政府将 PPP 项目的收益权让与了项目公司。政府支付对价的方式包括两种，一是授予项目公司就 PPP 项目向第三方收费的权利，二是在项目运营期间定期向项目公司支付补偿款，或项目公司就 PPP 项目向第三方收费低于某一限定金额时向项目公司补足差价的支付方式。其中，对于第一种授予收费权方式，按照分类定义应当归入经营性项目，应当在结算工程时将项目收益权资产确认为无形资产。对于第二种支付补偿款方式，按照分类定义应当归入非经营性项目，应当将项目收益权资产确认为金融资产。如果政府同时采用两种方式支付对价，按照分类定义应当归入准经营性项目，项目公司可采用混合模式，同时确认金融资产和无形资产。

项目收益权资产的确认原理与金融资产和无形资产的含义有关，体现了实质重于形式的要求。金融资产是指以价值形态存在的资产，是索取实物资产的一种无形的权利。无形资产是指企业拥有或控制的没有实物形态的可辨认非货币性资产，其含义有广义和狭义之分。广义无形资产泛指一切没有实物形态的资产，包括货币资金、应收账款等，也包括金融资产。而会计上一段讨论狭义的无形资产，如专利权、商标权等。可见，金融资产与无形资产的概念是相互联系的，金融资产具有无形性，而广义的无形资产又包括金融资产。而金融资产与无形资产之间的区别是，金融资产往往是"一次性"的，当其转化为实物资产时，原先存在的金融资产也随之消失，例如当应收账款收回时，应收账款这项资产便不复存在，而是转化为货币资金或其他实物资产。相比而言，无形资产则具有"长期性"，产权主体利用无形资产进行经营管理时，可以依据该项无形资产对使用方收费，而其对应的成本则是根据摊销方法对无形资产予以定期摊销的金额，例如专利权并不会因为一次或数次使用而消失，只是按照合理的摊销方法分期将其价值予以摊销。因此，在 PPP 项目中，如果政府采取支付补偿款的方式，则在约定期间内的每一次补偿款支付都是"一次性"的，收到款项后这项资产也会减少相应的金额，更符合金融资产的定义，项目公司应当将其确认为金融资产；而对于政府采用授予收费权的方式，项目公司就获取了对于该项目的特许经营权，项目公司可以依据该项权利向使用者收取费用，更符合无形资产的定义，项目公司应当将其确认为无形资产；如果同时存在两种收费方式，则将相应的部分分别确认为金融资产和无形资产。

在项目资产价值确定时，还可能涉及借款费用资本化的问题。通常，PPP 项目的建设周期长、建设规模大，项目公司往往会使用金融机构借入的资金，以补充资金链，发挥杠杆作用。如果在项目建造过程中发生借款费用，根据准则解释的规定，应当将借款费用中符合资本化条件的部分计入项目资产成本。首先，借款费用资本化应当满足的条件包括：资产支出已经发生、借款费用已经发生、为使资产达到预定可使用或者可销售状态所必要的购建或者生产活动已经开始。在 PPP 项目中，涉及项目所有权和资产项目收益权资产两项主要资产，会计核算时应当关注已发生的资产支出是为何种资产发生的支出。其中，项目所有权资产即项目资产本身，满足资本化条件的借款费用应当计入项目资产价值中。而项目收益权资产仅是项目完成后项目公司从项目中获取收益的权利，与项目资产本身的价值无关，因而即使与项目收益权资产有关的借款费用满足资本化条件，也不应将其资本化为项目资产价值的一部分。总而言之，除借款费用用于项目资产本身并满足资本化条件的情形，其他情形均应对借款费用做费用化处理。

2. 项目公司会计主体核算方法

（1）经营性项目及准经营性项目。

在经营性项目及准经营性项目中，由于项目公司不拥有该项目所有权，其会计核算类似于企业的建造合同，应按《企业会计准则第 14 号——收入》的有关规定进行会计处理。其中，在结算工程价款时，应当分别按照项目收益权确认资产的类型，确认金融资产的情形以"长期应收款"科目列示，确认无形资产的情形以"无形资产——特许经营权"科目列示，既确认金融资产又确认无形资产的情形则以两者共同列示，具体账务处理方法如表 4 - 2 所示。

表 4 - 2　　　经营性及准经营性项目建设阶段项目公司会计主体账务处理

项目分类	经济业务事项	会计分录
经营性项目 准经营性项目	相关费用发生时	借：工程施工——合同成本 　贷：银行存款
	在结算工程价款时	借：长期应收款 　　无形资产——特许经营权 　贷：工程结算
	计算项目完工时合同收入与成本	借：主营业务成本 　　工程施工——合同毛利 　贷：主营业务收入
	项目移交给政府进行决算时	借：工程结算 　贷：工程施工——合同成本 　　　　　　　　——合同毛利

（2）非经营性项目。

社会资本对项目进行全部或大部分金额投资，并获得相应经营决策控制权，项目设施正常运营后，企业会向项目设施的用户（政府）收取一定费用，作为收益。由于在项目合作结束后不需将项目资产移交给政府，因此，该类项目资产所有权属于企业，故其会计处理与自行建造固定资产相似，按《企业会计准则第 4 号——固定资产》中有关自行建造固定资产的规定进行账务处理。非经营性项目具体项目建设阶段项目公司会计主体账务处理方法如表 4 - 3 所示。

表 4 - 3　　　　　**非经营性项目建设阶段项目公司会计主体账务处理**

项目分类	经济业务事项	会计分录
非经营性项目	购入工程物资	借：工程物资 　　贷：银行存款
	领用工程物资、原材料	借：在建工程 　　贷：工程物资 　　　　原材料 　　　　应交税费——应交增值税（进项税额转出）
	建设期的借款费用 （若符合资本化条件）	借：在建工程 　　贷：长期借款 　　　　应付利息
	达到预定可使用状态时	借：固定资产 　　贷：在建工程
	固定资产发生折旧时	借：管理费用 　　贷：累计折旧

三、项目运营阶段

1. 核算要点

项目运营阶段的会计处理可以分为收入和支出两个方面。在项目公司对收入进行确认的同时，政府可能为此承担了补偿支出，同时项目所有权拥有者需对该项项目计提折旧。因此，项目运营阶段的会计主体涉及政府和项目公司双方。

有关收入的会计处理与政府支付对价的方式紧密相关。如果政府通过支付补偿款方式向项目公司支付对价，项目公司应当在约定向政府收取该笔款项的日期，按实际利率法对长期应收款进行摊销，其摊销金额冲减财务费用。政府此时也应作支付补偿款项的相关会计处理，支付款项冲减"长期应付款"。如果是授予收费权方式，则项目公司可以在实际收到来自第三方的费用时，或根据权责发生制确认该笔经济利益很可能流入企业时，对该项收入予以确认。同时，政府应当根据项目公司确认的收入，冲减完工当年确认的"长期应收款"。此外，由于采用授予收费权方式，项目公司还为此确认了无形资产，应当对无形资产进行摊销，项目公司应当根据无形资产的损耗程度确定该项无形资产的摊销方法，并根据该 PPP 项目运营期限确定摊销金额。

有关支出的会计处理需要考虑支出的性质属于费用化支出还是资本化支出，类似于固定资产维修。如果该项支出属于日常运营支出，应当确认为费用化支出，项目公司应当将其计入当期损益。如果该项支出是为了改善该 PPP 项目的性能，使该项目为项目公司带来经济利益流入的能力增加，或是为达到移交标准而发生的修理维护支出，应当将其确认为资本化支出，支出金额应当计入项目资产账面价值。

2. 政府会计主体核算方法

政府会计主体的核算与政府让与收益权的方式密切相关，因而其具体账务处理方法可分为经营性项目、准经营性项目及非经营性项目分别讨论。

在经营性项目中，政府取得的运营收入应当冲销前期确认的"长期应收款"。在准经营性项目中，PPP 项目视为政府和社会资本共同出资入股，在项目公司成立阶段按"长期股权投资"进行核算，在项目实际取得运营收入并按权益法计算出应当分得的利润时，应按照《企业会计准则第 2 号——长期股权投资》中的规定，对分得部分的利润确认为投资收益。在非经营性项目中，政府于项目公司成立阶段为将来向项目公司支付的补偿确认为"长期应付款"，运营期间实际支付时应当将其冲销。此外，在经营性项目及准经营项目中，由于政府享有该项目所有权，应当对其按照系统、合理的分摊方法提取折旧。项目运营阶段政府会计主体账务处理具体如表 4-4 所示。

表 4-4　　　　项目运营阶段政府会计主体账务处理

项目分类	会计分录
经营性项目	借：长期应收款 　　贷：经营收入/其他收入 借：经营费用 　　贷：累计折旧——固定资产 　　　　公共基础设施累计折旧

续表

项目分类	会计分录
准经营性项目	借：应收股利 　　贷：投资收益 借：经营费用 　　贷：累计折旧——固定资产 　　　　公共基础设施累计折旧
非经营性项目	借：长期应付款——政府付费 　　贷：银行存款

3. 项目公司会计主体核算方法

项目公司在项目运营期间，应当按照前述项目收益权资产确认的资产类型，根据运营收入与政府补贴的比例，分别确认金融资产和无形资产。此外，当项目公司将项目收益权确认为无形资产时，在确认来自第三方收入的同时，应当按照收入取得方式，采用合理的摊销方法对该项特许权无形资产进行摊销。项目运营阶段项目公司会计主体账务处理具体如表4-5所示。

表4-5　　　项目运营阶段项目公司会计主体的账务处理

经济业务事项	会计分录
确认运营收入时	借：长期应收款（政府补偿收入） 　　银行存款（自第三方取得收入） 　　贷：主营业务收入
运营所发生的费用	借：主营业务成本 　　贷：银行存款 　　　　应付职工薪酬等
摊销无形资产时	借：主营业务成本 　　贷：累计摊销——特许经营权
收到政府补偿款	借：银行存款 　　贷：长期应收款

四、项目移交阶段

1. 核算要点

项目公司是为 PPP 项目的建设、运营而专设的公司，当项目运营期满时，项目公司的使命宣告终结，项目公司将把该 PPP 项目移交给政府，并由政府进行后续管理。在 PPP 项目合同中，会对运营期满时项目公司向政府移交项目的质量标准作出具体规定。项目公司应当将符合要求的 PPP 项目、运行项目所必需的组件、相关技术或人员等移交给政府。根据前面介绍，项目移交方式可分为四种类型：期满终止无偿移交、期满终止有偿移交、提前终止无偿移交以及提前终止有偿移交。根据移交方式的不同，PPP 项目移交阶段的会计处理方式将有所不同。

在上述四种移交方式中，期满终止无偿移交是最为常见的移交方式。在期满终止无偿移交中，由于项目资产的所有权本身不归属于项目公司，而金融资产和无形资产在项目运营期满时均已确认或摊销，项目公司不需要为移交 PPP 项目专门作会计处理。对于期满终止有偿移交的方式，由于项目的建设、运营期限通常较长，应当考虑运营期满时移交价格的时间价值，并将移交价格折现后的金额在建设期初确认为金融资产，并在项目建设、运营期内按实际利率法予以摊销，在期末实际收到该笔移交款时冲销该项金融资产。确定移交价格的方式通常有两种，即采用合同约定的金额或 PPP 项目移交时的公允价值，两种方式的会计处理方法均遵循上述方法。

提前终止移交可能是由于该项目经营不善，或政府对该项目的执行计划发生变化等，应当根据提前终止移交的原因确定政府和项目公司双方的责任，再确定相应的会计处理方法。对于提前终止移交方式，由于移交后项目公司不再享有项目收益权，为项目收益权资产而确定的金融资产和无形资产，无论其确认情况或摊销情况如何，均应全部冲销，计入当期损益。在提前终止无偿移交方式中，该损益计入"营业外支出"；在提前终止有偿移交中，应当根据收到移交对价的多少，分别计入"营业外收入"或"营业外支出"。此外，如果项目公司为规避提前终止移交的风险购买了相关保险，收到保险补偿款的相应金额也应计入当期损益。

对于移交后项目公司的剩余财产，应当按照法定程序作清算处理。

2. 政府会计主体核算方法

由于在通常情况下，移交方式为期满终止无偿移交，故下面以期满终止无偿移交为例说明移交阶段会计处理方法。在期满终止无偿移交方式下，根据上述分析，项目公司无需为此专门作会计处理，主要涉及政府主体的会计核算。在经营性项目及准经营性项目中，政府应当根据移交时确定的公允价值，重新确定该项目的成本，并将前期确认的项目成本、折旧以及长期应收款、待摊费用等内容一并冲销。在非经营性项目中，由于项目所有权自始至终归属于项目公司，不存在以公允价值移交资产的问题，政府无需进行账务处理。项目移交阶段政府会计主体的账务处理方法具体如表 4 - 6 所示。

表 4 - 6　　　　　　项目移交阶段政府会计主体的账务处理

项目类别	会计分录
经营性项目 准经营性项目	借：长期应收款 　　　累计折旧 　　　固定资产/公共基础设施（移交后成本） 　　贷：长期待摊费用 　　　　银行存款 　　　　固定资产/公共基础设施（移交前成本）
非经营性项目	无需做会计分录

第四节　PPP 模式会计信息披露的现状及优化路径

PPP 项目通常涉及众多参与方、较大投资规模、较长期限以及公众利益，因此，充分的信息披露对 PPP 模式的应用和推广起着非常重要的作用。现仅针对我国境内 PPP 项目的会计信息披露所存在的问题进行分析。

一、PPP 模式会计信息披露的现状分析

1. PPP 模式下的会计准则及规范存在的不足

现阶段，我国 PPP 会计核算缺乏统一的准则指导，虽然解释第 2 号中对 BOT 项目给出了企业会计处理指引，但 PPP 模式具体的运作方式众多，BOT 只是其中一种；而对其他 5 种 PPP 模式，即委托运营模式、管理合同模式、建设—拥有—运营模式、转让—运营—移交模式和改建—运营—移交模式，并未涉及。因此，会计核算及信息披露规范的空缺可能使 PPP 项目的双会计主体都未报告 PPP 项目资产，不利于 PPP 项目财务信息的规范披露。同时，由于在会计实务操作中缺少核算依据，各社会资本核算口径不统一，相同业务在会计处理和披露上存在差异，造成各社会资本提供的财务报表不具可比性。

2. PPP 项目范围界定及会计要素确认计量不清晰

《企业会计准则解释第 2 号》虽然对适用的 BOT 项目类型进行了具体规定，但并未规定 PPP 项目的范围，同时对 BOT 的限定条件也不深入，只是基于对 BOT 类型形式上的判断，并没有能够反映出它的实质。

在会计要素确认计量方面，尤其是针对特许经营项目在项目生命周期中的核算模式，即金融资产模式、无形资产模式或"金融资产 + 无形资产"混合模式，对此，针对特许经营项目的借款费用资本化时点的问题也是一直是备受争议的话题。除此之外，针对 PPP 项目在运营期间所得收入的确认问题（即确认为当期营业收入还是投资收益）亦备受关注。

3. 财务报表缺乏关于 PPP 项目的财务信息的披露

使用者获取有关信息是会计核算最基本的功能，而在此基础上才能够进行后续工作。《企业会计准则解释第 2 号》从适用条件、收入确认、或有负债的处理、多要素服务分拆、不同类型资产的确认、过渡期处理六方面已对 BOT 业务的会计核算予以规范（与 IFRIC 12 的核算要求基本一致）。遗憾的是，该文件并未涉及更多的具体披露要求，因此，这必然会降低投资者对项目投资风险的判断，且不能有效监督项目相关的会计处理。

二、PPP 模式会计信息披露的优化路径分析

1. 加快建立健全 PPP 会计主体的核算制度

由于现存 PPP 模式众多，且随着经济发展今后可能会出现更多的模式，因而针对具体模式发布相应的会计处理指引可能难以全面覆盖实务中不断涌现的各种各样的具体情况，我们需要根据 PPP 的实质明确会计处理的基本原则。建议参考解释第 2 号及国际财务报告准则中有关 PPP 项目会计核算的规定，结合当前实务操作情况，尽快出台我国 PPP 模式下政府及社会资本的会计核算制度，统一明确对 PPP 项目的会计核算要求，消除同样的业务在不同会计主体间的会计处理和披露上的差异，以进一步提高 PPP 项目的会计信息质量。

2. 明确 PPP 项目范围的界定标准及会计要素确认计量

借鉴 IFRIC12 明确 PPP 项目的范围界定，即适合 PPP 项目核算的范围应满足"提供何种类型的服务、向谁提供服务以及提供服务的价格"和"可以控制基础设施的所有重大剩余权益"两个条件。在会计要素确认计量时，应重点关注以下三方面：（1）特许经营权核算。正确划分自有产权资产和特许经营权资产，明确特许经营权资产类型的界定，此外，还需关注这类借款费用资本化问题。应在建设期予以资本化，计入项目公司特许经营权资产的初始计量成本；（2）收入核算。PPP 项目公司在项目运营阶段实现的收入，要计入营业收入，不可将其计入投资收益，否则会带来营业收入与营业成本之间的不配比，而不利于利益相关方做出有效决策。

3. 加强财务报表关于 PPP 项目的财务信息披露

会计准则视角下，政府通常被称为授予方，而具体执行项目的社会资本通常被称为经营方[1]（普华永道，2016）。考虑到尽管 PPP 安排中的某些披露已经有相应准则规范（比如不动产、厂场和设备准则，租赁准则，无形资产准则，金融工具准则等），但是由于 PPP 安排可能会涉及已有准则尚未规范的待执行合同（除已涵盖在 IAS 37 中的亏损性合同外），因此 IASB 专门制定了 SIC 29 用以

---

[1]　普华永道：从会计准则视角分析 PPP 项目信息披露，［EBIT］. 2016. http：//www. caigou2003. com/zhengcaizixun/zhengcaiyaowen/2211404. html。

规范 PPP 安排中授予方和经营方需要在财务报表附注中提供的额外披露信息，以协助财务报表使用人更全面地了解编制人开展 PPP 业务的性质、状态、风险及财务影响，便于行业比较，并提高信息透明度。同时，经营方还应披露在以建设服务交换金融资产或无形资产的期间所确认的收入和损益，并且上述披露应按每项 PPP 分别披露或按每类 PPP 合并披露，例如征收通行费、通讯和水处理服务等。建议我国相关部门可借鉴国外先进经验，尽快出台相关的 PPP 项目财务信息披露的相关规定。

第五章
PPP模式中的财务风险管理问题

近几年大量 PPP 项目为由地方政府进行投资建设，不过这种投资模式也存在不少问题，如投资效率低下、过度浪费等，导致当地政府负债水平急剧增加。为了应对该问题，自 2014 年以来政府陆续出台了多项政策来限制融资平台无序举债，并且不断鼓励社会资本通过 PPP 模式进入公共产品和服务领域①（肖光睿和袁竞峰，2018）。而 PPP 项目具有投资规模大、周期长（一般在 10 年以上）、参与主体较多且合同体系复杂等特点，显然，一个项目的总投资越大，周期越长，其不可预见的因素也就越多，风险也越大。从时间和地域角度来看，PPP 项目在不同阶段和不同地域面临着不同的风险。按项目生命周期划分，其主要风险可归纳为合规和合同风险、市场和收益风险、建造风险、运营风险、财务风险、政策与法律风险和不可抗力风险七类（周林军等②，2016；李成林③，2018）；按项目的地域划分，其主要风险包括中国境内投资 PPP 项目的风险和"一带一路"沿线国家 PPP 项目的风险两类（李成林④，2018）。对此，本章将基于财务风险视角，结合 PPP 项目的生命周期和地域差异，对 PPP 项目进行具体的风险识别、评价与控制分析，通过对现行 PPP 项目风险管理的现状提出相关的解决对策，促进 PPP 项目持续有效地发展，以打好防范化解重大风险的攻坚战。

第一节　项目财务风险管理的概念与类型

财务风险管理的对象是财务风险，在此采用其广义概念，即在财务活动过程中，由于各种无法预测及难以控制的因素而引发的实际收益与预期收益之间的偏差以产生不利结果的可能性。从企业资金运动视角分析，财务风险主要包括筹资风险（借入资金的偿还风险）、投资风险（企业投资项目的收益受到外部环境的变化或内部决策失误等因素影响而不能达到预期，并且致使企业盈利能

---

① ③ ④　中央财经大学政信研究院：《中国 PPP 行业发展报告（2017～2018）》，社会科学文献出版社，2018 年版。
②　周林军、童小平、钟韵等：《PPP 项目难点及风险控制研究——实务案例解析暨重庆的探讨》，西南师范大学出版社，2016 年版。

力和偿债能力下降的可能性）、资金回收风险（产品的质量和价格等因素导致产品无法销售出去，而无法回收资金的可能性）和收益分配风险（因财务管理不当和因收益分配时间、所分配收益的形式以及分配的收益金额这三点把握不当所导致的风险）等四类。所以，财务风险管理应结合这四类具体类型进行管理。

一、项目财务风险管理的概念

对于财务风险管理，人们通常从广义和狭义两个不同的视角对其概念加以界定。广义视角上的财务风险管理指对财务风险进行风险识别、评估和控制等三环节管理，而狭义视角上的财务风险管理仅指对财务风险进行风险控制的单环节管理。对此，在 PPP 项目财务风险管理界定上将从广义视角出发进行 PPP 项目财务风险管理研究，即对 PPP 项目的筹资风险、投资风险、资金回收风险和收益分配风险等财务风险进行风险识别、评估和控制，以期将 PPP 项目的财务风险控制在可接受范围，避免 PPP 项目所带来的无法承受风险和降低可接受风险所带来的经济损失程度。

二、项目财务风险管理的类型

财务风险管理的主要内容包括财务风险识别、财务风险评估和财务风险控制三类。

财务风险识别是指辨识出企业所面临的所有可能导致财务危机的风险，并对其类别、性质进行判定的过程。常见的风险识别方法有文件审核法、信息采集法、核对表法、假设分析法和图表法等。

财务风险评估是指在风险识别完成的基础上，运用各种定性或定量的方法对财务活动相关的各种资料进行研究分析，并估测财务风险的发生概率以及损失程度。常用的风险评估方法为指标法，具体的指标包括投资回收期、净现值和内部收益率等。

财务风险控制是指根据风险评估的结果针对不同风险采取相应的风险控制对策，以帮助企业将财务风险控制在可接受范围，规避企业不能接受风险并降低可接受风险带来经济损失的程度。常用的风险控制方法有回避风险法、降低风险法、分散风险法和转移风险法四种。

第二节　项目财务风险识别

项目财务风险识别是项目财务风险管理的首要步骤。2014 年 11 月 29 日财政部颁布的《政府和社会资本合作模式操作指南（试行）》划分了 PPP 项目的 5 阶段全生命周期，即项目识别、项目准备、项目采购、项目执行和项目移交阶段，具体操作如图 5 – 1 所示。因此，项目财务风险识别应结合 PPP 项目的全生命周期，准确地发现项目的财务风险，才能更好地对症下药。

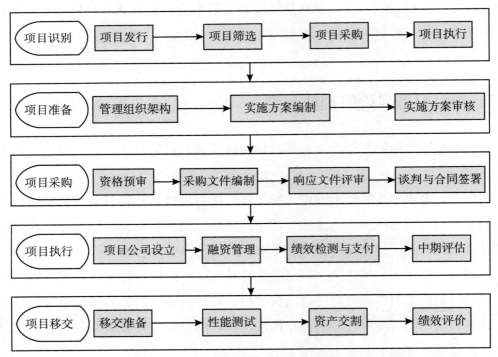

图 5 – 1　PPP 五阶段全生命周期及各阶段的操作流程图

资料来源：根据 2014 年 11 月 29 日财政部颁布的《政府和社会资本合作模式操作指南（试行）》整理所得。

一、项目财务风险识别概念

项目财务风险识别是指对 PPP 项目全生命周期过程中所存在的筹资风险、投资风险、资金回收风险和收益分配风险等财务风险类别的判定过程。根据 PPP 项目的全生命周期特点，PPP 项目的财务风险实则贯穿其整个生命周期，主要体现为项目识别阶段的投资风险、项目准备、采购和执行阶段的筹资风险以及项目移交阶段的收益分配风险三类。

二、项目财务风险识别内容

筹资风险的识别是指为开展 PPP 项目所需筹集资金的偿还风险，主要表现在项目准备和项目采购阶段。结合地域特点，中国境内投资 PPP 项目的筹资风险主要体现为融资利率变化，而"一带一路"沿线国家 PPP 项目的投资风险除了融资利率外仍需考虑汇率变化所带来的影响。

投资风险的识别是指为开展 PPP 项目，社会资本的收益受到外部环境的变化或内部决策失误等因素影响而不能达到预期的可能性，主要表现为项目识别、项目准备、项目执行和项目移交生命全过程。结合地域特点，不管是中国境内投资的 PPP 项目还是"一带一路"沿线国家的 PPP 项目，它们的投资风险主要体现为通货膨胀、BOT/PPP 项目选择的风险、合同履约情况、项目运营模式的选择以及政府政策的变化。另外，"一带一路"沿线国家 PPP 项目的投资风险还应考虑国别差异所带来的风险。

收益分配风险的识别是指 PPP 项目的财务管理不当或分配收益的时间、分配收益的形式以及分配收益的金额这三点把握不当所导致的风险，主要表现在项目移交阶段。PPP 项目应按照风险分配优化、风险收益对等和风险可控等原则在政府和社会资本之间进行合理的风险分配。因此，不论中国境内投资 PPP 项目还是"一带一路"沿线国家 PPP 项目，其收益分配风险主要体现为合同履约和项目运营模式的选择。

原则上，PPP 项目的财务风险一般应由社会资本来承担①。

三、项目财务风险识别方法

常用的风险识别方法有文件审核法、信息采集法、核对表法、假设分析法和图表法等。图表法有简单明了、易操作的优点，而风险矩阵是一种基于风险出现的概率和对项目造成的影响程度两维度进行风险排序，在项目管理过程中识别风险程度以及评估项目风险潜在影响的一套方法论，因此，参考周林军等（2016）风险识别方法，引入项目财务风险矩阵来识别 PPP 项目的财务风险。

原始风险矩阵是在项目需求与技术两方面的考察基础上分析辨识项目是否存在风险。因此，结合原始风险矩阵的思路，构建一套由项目地域特点、项目需求、所需技术、项目所处生命周期、财务风险类型、财务风险影响、财务风险概率、财务风险等级和财务风险管理九要素组成的 PPP 项目财务风险矩阵图，以识别财务风险类型及关键点。其中"项目需求"列出 PPP 项目的基本需求，"所用技术"列出根据具体需求可以采用的技术，如果所用技术不存在或不够成熟则风险发生的概率会较高；"项目所处生命周期"列出 PPP 项目归属于项目识别、项目准备、项目采购、项目执行和项目移交阶段的哪一阶段；"财务风险类型"具体识别描述财务风险的具体类别；"财务风险等级"对财务风险进行分类；"财务风险管理"制定具体战略管理以降低财务风险。如果项目同时存在大量风险因素时，可以结合 Borda 序值法（由专家按照一定的规则对各个风险时间进行评价打分，然后计算各个风险时间来进行排序）为风险因素再进行量化排序，而某一风险的 Borda 序值表示的是，在参与比较的财务风险中比它更为重要的风险个数，尤其当 Borda 序值为 0 时表示影响项目成果最为关键的风险，以进一步明确财务风险管理的重点，具体如表 5 – 1、表 5 – 2、表 5 – 3 所示。

表 5 – 1　　　　　　　　　　　　PPP 项目财务风险矩阵图

项目地域特点	项目需求	所用技术	项目所处生命周期	财务风险类型	财务风险影响	财务风险概率	财务风险等级	财务风险管理

---

① 引自 2014 年 11 月 29 日财政部颁布的《政府和社会资本合作模式操作指南（试行）》。

表 5 - 2　　　　　　　　　　　**风险等级说明表**

财务风险影响等级	定义或说明
关键	一旦财务风险事件发生将导致 PPP 项目失败
严重	一旦财务风险事件发生会导致成本大增加，项目周期延长
一般	成本增加、项目周期延长，但仍能满足一些重要需求
微小	成本小幅增加，周期延长不大，指标仍能保证
可忽略	财务风险对项目没有影响

表 5 - 3　　　　　**财务风险概率与财务风险等级关系表**

财务风险概率（%）	财务风险概率说明	可忽略	微小	一般	严重	关键
0 ~ 10	非常不可能发生	低	低	低	中	中
11 ~ 40	不可能发生	低	低	中	中	高
41 ~ 60	可能在中期发生	低	中	中	中	高
61 ~ 90	可能发生	中	中	中	中	高
91 ~ 100	极可能性	中	高	高	高	高

第三节　项目财务风险评估

　　项目财务风险评估是指在 PPP 项目风险识别完成的基础上，运用各种定性或定量的方法对 PPP 项目全生命周期内不同方案财务风险可能发生的概率以及损失程度进行估测。由于 PPP 项目主要用于基础设施建设，因此，PPP 项目财务风险评估主要体现为对 PPP 项目的效益进行评价。不论是中国境内 PPP 项目还是"一带一路"沿线国家 PPP 项目，项目财务效益评价方法应包括 PPP 项目静态效益评价方法和 PPP 项目全生命周期的动态效益评价方法两种。除此之外，针对中国境内 PPP 投资项目还可以利用物有所值（VFM）评价法进行项目财务风险评估。

一、PPP 项目静态效益评价指标

PPP 项目静态效益评价指标主要有投资收益率、静态投资回收期和偿债能力三类。

1. 投资收益率

投资收益率是投资方案达到设计生产能力后一个正常生产年份的年净收益总额与方案投资总额的比率，它是人们用来衡量投资方案的收益能力的评价指标。对生产期各个年度的净收益波动幅度较大的投资方案，可以先计算出生产期内各个年度的平均净收益额，再将这一平均净收益额与投资总额相比。投资收益率的计算公式为：

$$R = \frac{A}{I} \times 100\% \tag{5.1}$$

其中 R 代表投资收益率，A 代表年净收益额或年平均净收益额，I 代表总投资额（包括建设投资、建设期贷款利息和流动资金）。

评价某方案是否可行时，将计算出的投资收益率（R）与主观根据相关事实所确定的基准投资收益率（R_s）进行比较，若 $R \geq R_s$，则该方案的投资收益率高于其预期，可以接受；若 $R < R_s$，则该方案的投资收益率较低，不应接受。

2. 静态投资回收期

静态投资回收期是在不考虑资金时间价值（不对各年的现金流进行折现）的情况下，以该投资方案收回其投入的现金流所需要的时间，是一项反映投资回收能力的重要指标。投资回收期可自项目开始建设的那一年算起，也可以自项目投入生产的那一年开始算起，但应加以说明。

对于自项目开始建设的那一年算起的项目，其投资回收期 P_t（以年表示）的计算表达式如下：

$$\sum_{t=0}^{P_t} (CI - CO)_t = 0 \tag{5.2}$$

其中 P_t 表示以年表示的静态投资回收期，CI 表示现金流入，CO 表示现金流出，t 表示自建设开始的那一年起第 t 年，$(CI - CO)_t$ 表示第 t 年的净现金流入，$\sum$ 表示自第 0 年至第 P_t 年的净现金流入加总。

进行评价的时候，将计算出的静态投资回收期 P_t 与其主观所确定的基准投资回收期 P_s 进行比较。若 $P_t \leq P_s$，表明项目的投资能在可接受的时间内收回，则方案是可以接受的；若 $P_t > P_s$，则表明方案收回时间过长，不应接受。

3. 偿债能力指标

（1）借款偿还期。

借款偿还期是指可作为偿还借款的项目收益（利润、折旧、摊销费及其他收益）用来偿还该项目投资借款本金和利息所需要的时间。它是反映项目偿债能力的一项重要指标。在实际运用中，人们经常会使用借款还本付息计算表来进行推算借款偿还期（以年表示），其具体推算公式如下：

$$Id = （借款偿还开始出现盈余的年份数 - 1） + \frac{盈余当年应偿还借款额}{盈余当年可用于还款的余额}$$

$$(5.3)$$

其中，Id 表示以年为单位的借款偿还期。借款偿还期指标适用于那些没有预先给定借款偿还期限，且按照其最大偿还能力来计算还本付息的项目，不适用于那些预先给定借款偿还期的项目。对于预先给定借款偿还期的项目，应采用利息备付率和偿债备付率指标分析项目的偿债能力。

（2）已获利息倍数。

已获利息倍数又称利息备付率，是指项目在借款偿还期内各年可用于支付利息的息税前利润（EBIT）与当期应付利息费用的比值。其表达式为：

$$已获利息倍数（利息备付率）= \frac{息税前利润}{当期应付利息费用} \qquad (5.4)$$

已获利息倍数同样是反映项目偿债能力的重要指标，它从付息资金来源的充裕性角度反映项目偿付债务利息的能力，它表示使用项目的息税前利润对利息进行偿付的保证倍率。对于正常经营的项目，已获利息倍数应当大于2，否则，就认为项目的付息能力保障程度不足。当已获利息倍数低于1时，需要警惕，表明项目没有足够的资金来支付利息，偿债风险很大。

（3）偿债备付率。

偿债备付率是指在借款偿债期内，项目各年可用于还本付息的资金与当期应还本付息金额的比值。表示可用于还本付息的资金偿还贷款本息的保证倍率。正常情况应当高于1，且越高越好。其表达式为：

$$\text{偿债备付率} = \frac{\text{可用于还本付息的资金}}{\text{当期应还本付息的金额}} \quad\quad (5.5)$$

其中，可用于还本付息的资金＝息税折旧及摊销前利润－企业所得税，当期应还本付息的金额＝当期偿还贷款的本金＋当期利益。

二、PPP 项目动态效益评价指标

PPP 项目全生命周期的动态效益评价指标包括财务内部收益率、动态投资回收期和财务净现值三类。

1. 财务内部收益率

财务内部收益率是指使投资方案在计算期内各年净现金流量的现值累计等于零时的折现率，表达式为：

$$NPV(IRR) = \sum_{t=0}^{n} (CI - CO)_t \times (1 + IRR)^{-t} = 0 \quad\quad (5.6)$$

其中 IRR 代表财务内部收益率，NPV 代表财务净现值，CI 表示现金流入，CO 表示现金流出，t 表示自建设开始的那一年起第 t 年，$(CI - CO)_t$ 表示第 t 年的净现金流入，$\sum$ 表示自第 0 年至第 n 年的净现金流入加总。

财务内部收益率考虑了资金的时间价值以及项目在整个计算期内的经济状况，并且避免了像财务净现值（NPV）须事先确定基准收益率的这个难题，只需要知道基准收益率的大致范围即可。再将计算出来的财务内部收益率与其确定的基准收益率进行比较以判断项目效益，假设基准收益率为 i，若 IRR≥i，则方案的报酬率高于其基准收益率，应该接受；若 IRR≤i，则方案应予以拒绝。

2. 动态投资回收期

动态投资回收期是在考虑资金时间价值（对各年的现金流进行折现）的情况下，以该投资方案收回其投入的现金流所需要的时间，是反映投资回收能力的重要指标。其计算表达式为：

$$\sum_{t=0}^{P'_t} (CI - CO)_t \times (1 + i_s)^{-t} = 0 \quad\quad (5.7)$$

其中 P'_t 表示动态投资回收期，i_s 表示基准收益率，CI 表示现金流入，CO 表示现金流出，t 表示自建设开始的那一年起第 t 年，$(CI - CO)_t$ 表示第 t 年的净现金流入，$\sum$ 表示自第 0 年至第 P_t' 年的净现金流入加总。

将计算出的动态投资回收期 P_t' 与其主观所确定的基准投资回收期 P_s 进行比较。若 $P_t' < P_s$，表明在考虑了资金时间价值的情况下项目投资能在规定的时间内收回，方案可以接受；若 $P_t' > P_s$，则方案不能在规定的时间内收回初始投资，应予以拒绝。

3. 财务净现值

财务净现值是反映计算期内投资方案获利能力的一项动态评价指标，是指用一个预定的基准收益率（或设定的折现率）i，分别把整个计算期间内各年所发生的净现金流量都折现到投资方案开始实施时的现值之和。其计算表达式为：

$$NPV = \sum_{t=0}^{n} (CI - CO)_t \times (1 + i)^{-t} \tag{5.8}$$

其中，NPV 表示财务净现值，CI 表示现金流入，CO 表示现金流出，t 表示自建设开始的那一年起第 t 年，$(CI - CO)_t$ 代表第 t 年的净现金流入，n 代表方案计算期，$\sum$ 表示自第 0 年至第 n 年的净现金流入加总，i 代表基准收益率，最常见的基准收益率采用8%。

财务净现值是一个净的现值，是用来评价项目盈利能力的绝对指标。当 NPV≥0 时，说明该方案能为项目执行方带来利益，应该接受；当 NPV < 0 时，该方案不能带来利益，就不应接受。

三、物有所值评价方法

1. 物有所值评价概念及原则

2015 年，财政部颁布《PPP 物有所值评价指引（试行）》（下文简称《指引》）规定，物有所值评价（Value for Money，VFM）具体包括"定性"和"定量"两种评价方法。对于中国境内的 PPP 项目投资项目，除了可以采用传统的效益评价方法外，还可采用物有所值评价方法，即判断是否采用 PPP 模式代替政府传统投资运营方式提供公共服务项目的一种评价方法，遵循真实、客观、公开的原则，且在项目识别或准备阶段开展[①]。

---

① 根据 2015 年财政部颁布《PPP 物有所值评价指引（试行）》的规定整理。

2. 物有所值评价操作流程

物有所值关注成本、质量、风险、收益等多方面因素，是满足用户需求的产品或服务生命周期内这些因素的最优组合（周林军等，2016）。按照 2015 年 167 号文中指出物有所值评价操作包括评价准备、定性评价、定量评价和信息管理四部分，其具体操作流程图如图 5 – 2 所示[①]。

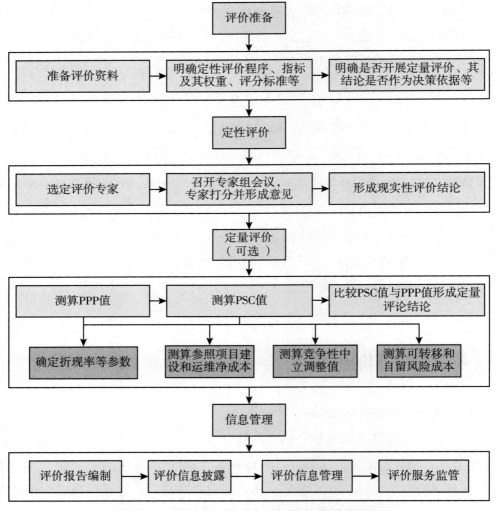

图 5 – 2　物有所值评价（VFM）操作流程图

其中定性评价和定量评价最能突显 PPP 项目的财务效益。定性评价指标包

————————

① 根据 2015 年财政部颁布《PPP 物有所值评价指引（试行）》的规定整理。

括全生命周期整合程度、风险识别与分配、绩效导向与鼓励创新、潜在竞争程度、政府机构能力、可融资性等六项基本评价指标。全生命周期整合程度指标主要考核在项目全生命周期内，各个环节能否实现长期、充分整合；风险识别与分配指标主要考核在项目全生命周期内，各风险因素是否得到充分识别并合理分配在政府和社会资本之间；绩效导向与鼓励创新指标主要考核其绩效标准和监管机制是否以基础设施及公共服务供给数量、质量和效率为导向，是否落实了相关的政府采购政策；潜在竞争程度指标主要考核项目内容对社会资本参与竞争的吸引力；政府机构能力指标主要考核政府转变职能、优化服务、依法履约、行政监管和项目执行管理等能力；可融资性指标主要考核项目的市场融资能力。此外，项目本级财政部门（或PPP中心）会同行业主管部门，可根据具体情况来设置一些补充评价指标。补充评价指标主要是六项基本评价指标未涵盖的其他影响因素，包括项目规模、预期使用寿命、主要固定资产种类、全生命周期成本测算准确性、运营收入增长潜力、行业示范性等。

在各项评价指标中，六项基本评价指标的总权重为80%，其中任一指标权重一般不超过20%；补充评价指标权重为20%，其中任一指标权重一般不超过10%。每项指标评分分为五个等级，即有利、较有利、一般、较不利、不利，对应分值分别为100~81、80~61、60~41、40~21、20~0分。原则上，评分结果在60分及60分以上的，认为其通过定性评价；而低于60分的，认为没有通过定性评价。

定量评价是在假定采用PPP模式与政府传统投资方式产出绩效相同的前提下，通过对PPP项目全生命周期内政府净成本的现值（PPP值）与公共部门比较值（PSC值）进行比较，判断PPP模式是否能降低项目的全生命周期成本。

PPP值可等同于PPP项目全生命周期内股权投资、运营补贴、风险承担和配套投入等各项财政支出责任的现值，参照《政府和社会资本合作项目财政承受能力论证指引》及有关规定测算。PSC值是参照项目的建设和运营维护净成本、竞争性中立调整值和项目全部风险成本三项成本的全生命周期现值之和。建设净成本主要包括参照项目设计、建造、升级、改造、大修等方面投入的现金以及固定资产、土地使用权等实物和无形资产的价值，并扣除参照项目全生命周期内由于转让、租赁或处置资产产生的收益。运营维护净成本主要包括参照项目全生命周期内运营维护所需的原材料投入、使用的相关设备、人工成本等成本，以及管理、销售和财务等期间费用，扣除假设参照项目与 PPP 项目付费机制相同情况下能够获得的使用者付费收入等。竞争性中立调整值主要是采用政府传统投资方式比采用 PPP 模式实施项目少支出的费用，通常包括少支出的土地费用、行政审批费和一些相关税费等。项目全部风险成本包括可转移给社会资本的风险承担成本和政府自留风险的承担成本，参照《政府和社会资本合作项目财政承受能力论证指引》第二十一条及有关规定进行测算。

政府自留风险承担成本等同于 PPP 值中的全生命周期风险承担支出责任，两者在 PSC 值与 PPP 值比较时可对等扣除用于测算 PSC 值的折现率应与用于测算 PPP 值的折现率相同，参照《政府和社会资本合作项目财政承受能力论证指引》第十七条及有关规定测算。因此，PPP 值小于或等于 PSC 值的，认为其通过定量评价；否则，认为未通过定量评价。

第四节　项目财务风险控制

一、项目财务风险控制概念

项目财务风险控制是指根据风险评估的结果针对不同风险采取相应的风险控制对策，以帮助企业将财务风险控制在可接受范围，规避企业不能接受风险和降低可接受风险带来经济损失的程度。

二、项目财务风险控制方法

结合 PPP 项目全生命周期各阶段特点及 PPP 项目的合同体系（如图 5 - 3 所示），不论中国境内的 PPP 项目还是"一带一路"沿线国家的 PPP 项目，其财务风险控制方法主要可归为回避风险法、降低风险法、分散风险法和转移风险法。

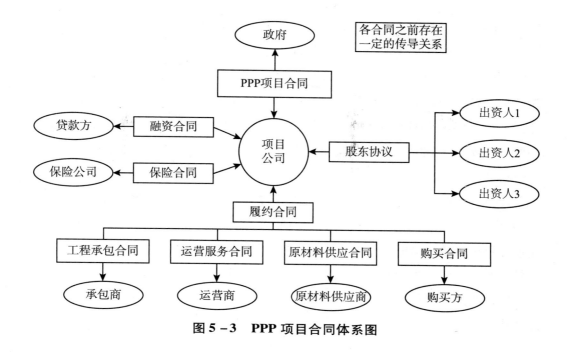

图 5 - 3　PPP 项目合同体系图

1. 回避风险法

回避风险法是在 PPP 项目损失程度高且发生损失的可能性大或控制 PPP 项目财务风险带来损失所耗费的成本大于冒风险而获得的收益这两种情况下可采取的风险回避措施。此时可采取的应对策略有两种，一种是在选择 PPP 项目决策前（即在项目识别阶段）淘汰需要回避风险的方案；一种是在 PPP 项目实施阶段，发现有风险达到需要回避的程度，及时对 PPP 项目方案进行调整或终止，以减少发生财务损失的可能性和降低损失的程序。

2. 降低风险法

降低财务风险的策略有三种：第一种是为降低财务危机带来的损失程度而提前支付一定的代价，如在项目识别阶段严控财政能力论证10%"红线"的硬性约束等；第二种是通过增加自身能力来降低财务危机发生的可能性，如在项目准备和执行阶段改善 PPP 项目的运作方式等。第三种是制定有效的 PPP 项目管理办法来降低财务风险，如《操作指南》《关于进一步规范地方政府举债融资行为的通知》等。

3. 分散风险法

分散风险的实质即是"不要把鸡蛋放在同一个篮子里"。针对 PPP 项目的分散风险法主要体现在项目准备阶段，具体表现为 PPP 项目商业模式的创新，此创新的重点是在公益性项目、准经营性项目领域；而针对非经营性项目，应尽可能创新收益来源、主动降低投资风险、增加项目投资吸引力（吉富星，2017）。常见的 PPP 项目分散风险方法有推动"存量＋增量"项目采用多种组合方式（如 O&M＋BOT、TOT＋BOT 等方式）的 PPP 模式、对于公益性无现金流等的项目采取可用性付费、使用量付费或影子收费与绩效付费挂钩或组合付费等。

4. 转移风险法

社会资本可以通过转移风险法来转移财务风险的承担对象。结合 PPP 项目合同体系（如图 5-3 所示），其常见的形式有购买合同方法（如通过向保险公司投保将风险转移给保险公司）、转包法（社会资本方可将较大风险的业务转包给其他对象来经营管理，自己只收取承包费和租金，这种情况下，财务风险就通过转包的方式转移给了被转包的对象）和 PPP 资产证券化法（实质转让股权，即转让收费权）。

三、项目财务风险控制内容

根据 PPP 项目全生命周期划分出的三类财务风险（即筹资风险、投资风险和收益分配风险），不论是中国境内的 PPP 项目还是"一带一路"沿线国家 PPP 项目，项目财务风险控制内容都应包括筹资风险控制、投资风险控制和收益分配风险控制。

1. 筹资风险控制

社会资本对投资的 PPP 项目能否在按期足额偿还银行贷款本息后仍获得预期的收益和公司的偿债能力加以关注，以确保公司有充足资金偿还债务，合理安排债务比例，对公司负债经营的风险进行有效控制。

项目公司用以还本付息的资金来自项目运用资金获取的收益，因此，项目公司对筹资风险进行控制的关键是要提高资金的使用效益。面对 PPP 项目常见的负债率较高现象（程孟萍，2017），社会资本方应根据 PPP 项目的具体情况合理搭配流动负债和长期负债，优化 PPP 项目的资本结构。

2. 投资风险控制

在项目识别阶段，社会投资应在项目决策之前对该项目相关信息充分认识，并聘请专业人员对该项目进行可行性分析，预测项目的投资成本和预期收益，分析项目存在的潜在风险。

风险的合理预见和分担是化解项目投资风险的有效手段。为了合理预见和分担风险，基于合同体系是 PPP 项目的核心。因此，社会资本在与政府进行项目合同谈判过程中，应遵循对风险具有控制力的一方承担风险，项目合同的风险承担应与承担方的项目合同范围相适应，风险承担的程度应与承担方的合理预见、过错相适应，保证权利与义务相适应以及 PPP 项目合同的违约责任应约定上限等五大原则（中央财经大学政信研究院，2018）。

3. 收益分配风险控制

收益分配风险控制主要体现在项目移交阶段。在经济活动中有分配收益的活动就存在收益分配风险，故收益分配风险控制的根本方法是制定合理的收益分配方案，既要保证有足够的收益供项目经营运转，还要能满足投资者有足够的收益进行分配。

制定合理的收益分配方案，首先需要对项目进行合理的财务预算。以项目的发展战略为总指导，在考虑未来投资方案的前提下，结合现有的资本结构情况，综合多因素考虑制定财务预算，对项目所需资金进行合理安排。最后，综合考虑投资者的利益，在资本成本与资本回报之间进行权衡再予以做出合理决策。

第五节 项目财务风险管理现状及建议

一、项目财务风险管理现状

风险识别、分配及控制是 PPP 模式的核心概念，也是 PPP 项目合同的落脚点（周林军等，2016）。PPP 项目的财务风险主要包括筹资风险、投资风险和收益分配风险三大类。事实上，PPP 过程中最为棘手的是一些双方都难以控制的风险，在这种情况下，将风险随意分配给任何一方均不合理。因此，对 PPP 项目

（包括中国境内 PPP 项目和"一带一路"沿线国家 PPP 项目）需要进行合理的财务风险管理。现阶段，PPP 项目的财务风险管理存在以下三方面的问题。

1. 项目财务风险识别不足

PPP 模式项目对风险识别强调对风险进行全生命周期把控。但是，在实际工作中，对于 PPP 项目支出责任不得超过预算支出的 10% 的这一"红线"规定，有一些地方政府出于不同原因，使其对当地财力和支出责任的测算不准确，导致财政承受能力论证流于形式。另外，还有一些地方政府将一些纯商业化的项目包装成 PPP，借助 PPP 的"绿色通道"，实现快速审批和融资，从而达到其私人目的，使得 PPP 项目的"界限"受到挑战。此外，由于相关人员能力不足也可能导致难以识别 PPP 各生命周期阶段中的财务风险要素。

2. 相关人员的财务风险意识薄弱

由于 PPP 项目具有其自身的特殊性，因此，对财务管理人员的专业水平有更高的要求。但目前在日常财务管理工作中，财务工作人员专业素养普遍不高，其主要表现为一部分工作人员的风险意识不高以及一些人员专业素养水平达不到项目发展的需求。这些财务管理人员非但没有高度重视项目的财务风险，反而常常忽视某些重要的风险，因此，对项目可能造成难以预测的后果。

3. 项目财务风险管理体系不够完善

财务风险贯穿 PPP 项目的始终，因此财务风险管理也应贯穿 PPP 项目全生命周期，并且根据项目情况对管理策略进行调整。所以，对 PPP 项目进行财务风险管理必须贯穿 PPP 项目始终，项目财务风险管理应是一个动态过程，而非仅仅是对某个时点进行风险管理。PPP 项目财务风险管理近年来出现支出责任"固化"、支出上限"虚化"、运营内容"淡化"和适用范围"泛化"四问题[①]。

二、项目财务风险管理建议

1. 运用财务信息化识别项目财务风险

在大数据、云计算的时代背景下，信息系统在各方面的应用越来越广泛，

[①] 中央财经大学政信研究院：《中国 PPP 行业发展报告（2017～2018）》，社会科学文献出版社，2018 年版，第 266～270 页。

项目公司管理的过程中也是如此，不论中国境内的PPP项目还是"一带一路"沿线国家PPP项目，社会资本均可运用信息系统对PPP项目各生命阶段的财务风险进行识别。在项目识别和准备阶段，应该严控10%的"红线"，明确PPP项目的"界限"。同时，在项目采购、执行和移交各阶段运用指标识别财务风险的关键点，利用经营信息进行综合分析，识别出可能会导致财务风险的相关因素，并利用财务信息系统分析项目财务指标，由此判断项目是否可能发生损失，以便及时做出有效决策来规避财务风险或减少财务风险所带来的损失。

2. 提高项目有关人员财务风险意识及素质

由于PPP项目（包括中国境内PPP项目和"一带一路"沿线国家PPP项目）具有特殊性，社会资本应该有针对地培养专业人才对PPP项目进行管理，对财务风险进行更有效的控制。因此，在引入项目新成员时，应严格筛选出专业能力较强且对PPP项目有深入理解的财务风险管理人才，以增强团队成员的财务风险意识。在现有项目人员中，在进行业绩考核时，应将PPP项目的自身特点和主要工作内容融入其考核范畴中；在进行后续继续教育时，应针对最新出台的政策法规、会计业务知识等进行定期教育和培训，来夯实和更新财务人员的专业知识，以提高财务管理人员的专业素质。

3. 建立健全项目财务风险管理体系

财务风险管理不是在某一时点进行项目风险识别，而是需要进行长期动态的风险识别、评估和控制，这样才能及时地发现风险并根据相关情况迅速地做出反应。因此，利用财务风险评估中的静态和动态以及PPP项目所特有的物有所值评价方法，对PPP项目的筹资风险、投资风险、收益分配风险进行评估。除了通过对相关指标的计算反映项目的偿债能力及盈利能力外，还需要真实反映当期财务状况和潜在的财务风险，故应将现金流量表作为重点，建立PPP项目的财务风险评价指标来衡量发生财务危机的概率大小。此外，还需要建立健全PPP项目的财务风险预警机制，设置风险警戒线时要重点分析公司现金流、资金使用效益和其偿债能力。同时，风险预警指标应反映PPP项目的生命周期特点，以便于及时发现财务风险。

第六章
PPP模式中的税务问题

第一节　PPP 项目与税收政策相关性分析

一、税收对 PPP 项目的必要性分析

1. 提高私营部门参与的积极性

PPP 模式所涉及的建设项目往往是公共基础设施或服务，具有较强的公共服务属性，盈利空间往往有限；然而，这些项目又需要较高的前期投资成本，对于私营部门而言投资回收期过长，因而私营部门的参与度较低。为解决私营部门参与度低的问题，需要相应的政策工具进行支持。税收工具由于政策覆盖面较广、执行成本较低，规避了财政支出针对范围小、审批较为复杂的缺点，适合作为支持 PPP 的政策工具。将税收工具应用于 PPP 项目中，有利于保障私营部门自身的利益，增加私营部门参与 PPP 项目的积极性。

2. 提供更优质的公共产品及公共服务

前已述及，税收工具可以增强私营部门的盈利预期，提高私营部门参与 PPP 项目的积极性。PPP 项目的目标不仅在于满足私营部门的利益诉求，更要满足公众对于公共基础设施的需要。因此，需要充分保障私营部门在 PPP 项目中的收益，对 PPP 项目收益的良好预期能够激励项目公司积极、认真地参与到 PPP 项目的建设、经营过程中。税收工具在提高私营部门参与的积极性的同时，推动了项目公司提供优质的公共产品及公共服务，满足了公众对于公共基础设施的需要。

3. 适应 PPP 模式的发展进程

最近几年，PPP 模式在我国发展迅猛。2014 ~ 2018 年，全口径统计下 PPP 市场共成交 8 673 个项目，总投资规模为 12.24 万亿。财政部政府和社会资本合作中心发布的最新统计数据显示，截至 2019 年 5 月末，全国政府和社会资本合

作综合信息平台管理库累计项目 9 000 个、投资额 13.6 万亿元；累计落地项目 5 740 个、投资额 8.8 万亿元，落地率 63.8%；累计开工项目 3 426 个、投资额 5.1 万亿元，开工率 59.7%。在市场化背景下和政府的大力支持下，PPP 模式在我国具有广阔的发展前景。在 PPP 项目入库项目多、入库金额大的情况下，需要相关法律法规对 PPP 模式进行规范，以提升 PPP 项目的规范化程度和运营效率。而税法是法律法规中的重要组成部分之一，对税收法律法规做出明确、详细的规定不仅能够保障私营部门的利益，更有利于 PPP 项目的规范化发展。

二、税收对 PPP 项目的可行性分析

目前，已出台的税收政策涉及增值税、企业所得税等税种已应用于公共基础设施项目、节能环保项目以及公共服务类项目等方面（相关内容将在后面详细介绍），缓解了项目前期项目公司投资成本过高的问题，政策执行效果较为明显。鉴于现有政策在实践中效果良好，今后应当在国家强制力的保证之下，继续利用税收政策这一工具，扩大税收政策的涉及范围，并对部分税收政策作出详细规定，进一步完善 PPP 税收政策，以促进 PPP 项目的健康发展。

第二节　PPP 项目税收政策现状

一、PPP 项目全生命周期所涉及的税收政策

PPP 税收政策根据项目阶段的不同，可分为项目公司成立阶段、项目建设阶段、项目运营阶段及项目移交阶段的税收政策。

1. 项目公司成立阶段

在对于融资部分的介绍中已提及，PPP 项目的运作方式可分为外包类、私有

化类以及特许经营类三类，其中外包类对应政府投资，私有化类对应私人投资，特许经营类则是政府和私人各参与部分投资。项目公司成立阶段所涉及的税收政策主要与政府和社会资本投资相关，包括增值税、印花税、契税、土地增值税等税种。

项目公司成立阶段的税种根据政府和社会资本对项目公司的出资形式进行确定。如果以实物资产方式出资，在资产流转中涉及增值环节，且以实物资产方式出资属于视同销售行为，项目公司应当按销售货物所规定的 13% 税率缴纳增值税①。如果以现金资产方式出资，根据印花税中"营业账簿"税目的要求，应当对"实收资本和资本公积的合计金额"的增加额按 0.5‰ 贴花。

特别地，政府通常会为项目公司提供房屋、土地使用权，并将其作为对项目公司的出资。在这种情况下，由于不动产使用权发生变动，新业主（即项目公司）应当为不动产的权属变动承担契税，其税额根据出资行为确定的计税依据以及当地人民政府所确定的实际税率进行计算。如果该土地使用权及其地上附着物的转让属于非无偿转让行为，应当考虑该土地使用权及其地上附着物的增值额，并根据土地增值率确定土地增值税。此外，办理土地使用权证时应按印花税中"权利、许可证照"税目的要求按件贴花 5 元。

2. 项目建设阶段

项目建设期内，主要涉及增值税的核算。根据 2018 年 3 月 28 日国务院常务会议的决定，自 2018 年 5 月 1 日起，减按 10% 的税率计算建筑业增值税额。根据自 2019 年 4 月 1 日起执行的《关于深化增值税改革有关政策的公告》，增值税一般纳税人发生增值税应税销售行为或者进口货物，原适用 16% 税率的，税率调整为 13%；原适用 10% 税率的，税率调整为 9%。确定计税依据时，应将项目建设期间涉及的购买材料、购买相关服务、支付人员薪酬等工程支出确认为待抵扣进项税额，并根据当期确认的营业收入确定销项税额。

在项目建设期的每个年度终了，项目公司需要对本年度企业所得税进行汇算清缴。企业为项目建设而购置并实际使用的有关安全生产、环境保护、节能

---

① 国务院于 2018、2019 年 2 次降低增值税税率。从 2018 年 5 月 1 日起，国务院将制造业等行业增值税税率从 17% 降至 16%，将交通运输、建筑、基础电信服务等行业及农产品等货物的增值税税率从 11% 降至 10%。根据自 2019 年 4 月 1 日起执行的《关于深化增值税改革有关政策的公告》，增值税一般纳税人发生增值税应税销售行为或者进口货物，原适用 16% 税率的，税率调整为 13%；原适用 10% 税率的，税率调整为 9%。

节水等专用设备，其投资额的 9% 可以从企业当年的应纳税所得额中扣除；对于未扣除完毕的部分，可以在自当年起以后 5 个纳税年度中继续结转扣除。由于项目建设期间，项目公司收入较少，发生支出较多，企业本身计算出的应纳税所得额就较少，再加上所享受的税收扣除优惠，项目公司所需承担的企业所得税负担较轻。

另外，当采用总包或分包方式进行项目建设时，涉及印花税的计算。当项目公司与工程总包方或分包方签订施工合同时，应按照"建筑安装工程承包合同"税目，按承包金额的 0.3‰ 贴花。当项目公司为筹措资金与金融机构签订借款合同时，应按照"借款合同"税目，按借款金额的 0.5‰ 贴花。

3. 项目运营阶段

项目运营阶段的税收政策是项目全阶段中对于税收优惠政策的集中体现。目前，已出台的政策文件中主要涉及增值税和企业所得税两大税种的计算与优惠政策的规定，也涉及耕地占用税、契税、印花税等其他税种。

（1）增值税。

在项目运营阶段，项目公司应就经营所取得的收入缴纳增值税。前已述及，项目公司取得收入的方式有两种，即利用收费权方式和收取补偿款方式。无论采用哪种方式，项目公司均应按照提供服务的类型，选择相应税目及适用税率计算增值税销项税额。对于运营期间实际发生的维护成本，项目公司可以确认为进项税额进行抵扣。

在项目运营过程中，对于项目公司提供的部分服务，视服务类别分别采用免征增值税和即征即退政策。免征增值税即免除了增值税纳税人的纳税义务。即征即退政策是指，在税务机关征税时，将部分或全部税额退还给纳税人的税收优惠政策。其中，对饮水工程实施运营管理的单位向农村居民供给生活用水取得的销售收入给予免征增值税优惠；对污水处理、垃圾处理、污泥处理劳务采用 70% 即征即退政策；销售符合条件的自产货物时，根据自产货物的类型，分别采用 50%、70% 和 100% 的即征即退政策。自产再生水以及以煤泥、石煤等低热值燃料生产的电力、热力，享受 50% 即征即退政策；以污泥为原料生产的燃料、以油污泥为原料生产的调和剂等产品，享受 70% 即征即退政策；以工业生产中的余热余压、符合条件的垃圾、污泥、油污泥、沼气等为燃料生产的电力、热力，享受 100% 即征即退政策。

（2）企业所得税。

企业所得税优惠政策对于减轻企业税负、增强 PPP 模式活性具有重要作用。企业所得税优惠政策按照具体的优惠领域可以从三个方面进行展开。

一是公共基础设施优惠，亦称为定期减免税优惠。PPP 模式所涉及的项目多为公共基础设施项目，符合条件的项目可以享受公共基础设施优惠。《企业所得税法》规定，企业从事项目中涉及以下三类情形的所得，可享受"三免三减半"的优惠政策：投资经营国家重点扶持的公共基础设施项目所得、符合条件的环境保护项目所得、符合条件的节能节水项目所得。"三免三减半"是指，自项目取得第一笔生产经营收入所属纳税年度起，第一年至第三年免征企业所得税，第四年至第六年减半征收企业所得税。其中，国家重点扶持的公共基础设施项目包括公路、铁路、港口码头、机场、市政道路水利等项目；符合条件的环保项目包括公共污水、垃圾、污泥处理及处置、节能减排技术改造、沼气综合开发利用、海水淡化等项目。例如，符合条件的重大水利工程、铁路项目、饮水工程新建项目等，均可享受"三免三减半"优惠政策。

二是投资抵免。在项目建设中已提及，企业为项目建设而购置并实际使用的有关安全生产、环境保护、节能节水等专用设备，其投资额的 10% 可以从企业当年的应纳税所得额中扣除；对于未扣除完毕的部分，可以在自当年起以后 5 个纳税年度中继续结转扣除。

三是股利分配。股利分配是对于项目运营成果的分配，股利分配方面的税收优惠主要体现在适用税率的降低。项目公司向境内居民企业分配股利，实行免征企业所得税的优惠政策；项目公司对自然人股东进行股利分配，按 20% 的税率缴纳个人所得税，同时项目公司应履行代扣代缴义务；项目公司对境外非居民企业进行股利分配时，一般按照 10% 的所得税税率进行缴纳，如果非居民企业所在国家与我国签署双边税收协定，则应当优先采用协议所约定的所得税税率进行缴纳。

（3）其他税种。

在项目运营过程中还涉及其他税种，PPP 项目减税政策亦有覆盖。对于公共交通所占用的耕地，如公路、铁路、港口、航道、机场跑道、停机坪等，减征耕地占用税；因饮水工程而享有的土地使用权，免征契税；因饮水工程涉及的"产权转移书据"及"建筑安装工程承包合同"税目，免征印花税；学校、医院、托儿所、敬老院、幼儿园本身业务所占用的房屋免征房产税等。

4. 项目移交阶段

项目移交阶段的税务处理分为两种情况，需要判断项目移交时项目所有权的归属。如果该项目不属于私有化类，即移交时项目所有权未发生变化，则不应为移交事项确认收入、成本，也无需进行税务处理。如果该项目是私有化类型，项目公司具有该 PPP 项目的所有权，而移交后该项目所有权归属于政府，应当将该项目作视同销售处理，因而涉及增值税、企业所得税、印花税、契税、土地增值税等税种。但目前对于权属转移的 PPP 项目移交阶段税收规定尚未明确，具体实施办法可咨询当地税务部门，并根据实际移交情况予以确定。

二、PPP 项目税收支持政策优势

PPP 项目税收支持政策近几年不断进行调整，但始终涉及环境保护、节能节水方面，具体可从以下三个方面说明现有政策的优势。

1. 环境保护、节能节水项目的总体规定

前已述及，在《企业所得税法》所支持的环保项目除公共污水、垃圾、污泥处理及处置外，还包括沼气综合开发利用、节能减排技术改造、海水淡化等内容。这些环保项目大多具有投资成本高，执行难度大，执行收益低的特点，为吸引企业投资有关环保、节能节水的项目，对企业所得税实施"三免三减半"优惠政策。此外，在此类项目投资过程中，由于投资成本较高，投资回收期较长，企业为投资环境保护、节能节水项目专用设备而发生的支出，可将专用设备投资额的 10% 用于抵减当年或未来五年的应纳税所得额，从而达到降低企业所得税的目的，鼓励企业投资环境保护、节能节水项目。

2. 从事污水处理、垃圾处理、污泥处理和处置劳务

污水、垃圾、污泥处理劳务是环保项目的重要分支，是公共基础设施服务中不可缺少的部分。但是，由于污水、垃圾、污泥处理劳务工作环境较差，人力成本较高，同时污水、垃圾、污泥的处理需要特定的专业设备作为支持，相关劳务难以吸引企业主动提供。因而，政策提出从事污水处理、垃圾处理、污泥处理劳务可享受增值税 70% 即征即退政策，但在提供相关劳务时，应保证处

理后的污水、垃圾、污泥达到政策要求，才可享受税收优惠政策。

3. 利用化石能源、垃圾等生产电力、热力等能源

将化石能源、垃圾等作为燃料生产能源是节能项目的具体体现。煤泥、石煤、煤矸石、油母页岩等化石能源属于低热值燃料，燃料质量较低，采用此类化石燃料进行电力、热力的生产效率较低。但是，此类化石燃料在开采过程中难以避免，有必要对开采中产生的大量化石燃料加以利用。因而，对于采用化石能源进行电力、热力等能源生产并进行销售的行为，将享受增值税 50% 即征即退政策。另外，优惠政策中规定，使用化石燃料发电发热时，所使用化石燃料的比例应至少占全部发电发热燃料比例的 60%，以确保税收优惠政策能够引导大量化石燃料的合理利用。

垃圾处理是城市建设与发展中的重要问题。目前，城市生活垃圾数量庞大，占地面积大，处理方式较为单一。而利用垃圾生产电力、热力的方式，将垃圾转换为可用资源，是一种值得提倡的垃圾处理方式。税收优惠政策中规定，利用垃圾进行电力、热力自产自销的行为，将享受增值税 100% 即征即退政策。优惠政策中同样对享受优惠政策的条件进行了规定，一方面对可利用垃圾的范围作出了明确限定，另一方面所使用垃圾的比例至少占全部发电发热燃料比例的 80%，从而达到充分利用垃圾产能的目的。

三、PPP 项目税收政策存在的问题

1. 缺少针对 PPP 较为统一的税收法规

目前，对于各税种优惠政策的规定，分布在各个政策文件中，国家税务总局尚未出台较为系统的税收优惠政策，且现有优惠政策多集中于项目运营阶段。为规范 PPP 项目的发展，应当制定较为系统的税收政策，并使 PPP 项目税收政策包含成立公司、投融资建设、运营、移交各阶段，让 PPP 项目的各执行阶段有法可依，构建完善、系统的 PPP 税收法律体系，增加 PPP 项目对社会资本的吸引力。

2. 税收覆盖范围有限

在我国，PPP 项目的推进范围主要涉及公共基础设施和公共服务两大方面。

现有税收政策多针对公共基础设施方面，主要涉及公共交通和市政设施，却鲜有涉及公共服务，例如教育、养老、医疗卫生等领域，尚未形成多层次、全方位的覆盖。目前，公共服务类 PPP 项目正在吸引更多社会资本参与，公共服务类项目的占比正不断攀升，需要针对公共服务类项目的政策为其提供指导。

在公共基础设施领域，税收政策也尚未实现全面覆盖，这容易造成各 PPP 项目间发展不公平的现象。例如，在公共基础设施领域，现有政策主要涉及公共交通方面，缺乏向行政、信息、卫生、体育、文化、绿化等领域的扩展。另外，在已有税收优惠政策中，仅考虑了环境保护、节能节水的部分项目，尚未考虑其他需要鼓励的情形，如发展高新技术、利用新能源等。

3. 税收优惠力度不足

现行税收优惠政策主要涉及两大税种，即增值税和企业所得税。

对于增值税优惠政策，现有劳务的鼓励政策存在优惠力度不足的问题，部分政策优惠力度呈下降趋势。例如，从事污水处理、垃圾处理、污泥处理和处置劳务由免征增值税调整为增值税 70% 即征即退；自产再生水由免征增值税调整为增值税 50% 即征即退等。一方面，即征即退政策相对于免征增值税而言，占用项目公司资金，对建造、运营产生影响；另一方面，当前增值税面临进项税额"抵扣难"的情况。项目公司通过总包或分包方式进行项目建设时，由于在项目建设期间需要大量工程支出，项目公司将产生大量可予抵扣的进项税额；同时，建设期间产生的销项税额有限，建设期间项目公司的增值税负担较轻，可能留下大量待抵扣进项税额。这就使得增值税优惠政策的实际作用较小，大量进项税额往往计入固定资产成本按年计提折旧，增值税税收优惠政策执行效果不佳，对于项目公司的帮助不够明显。

对于企业所得税，同样存在税收优惠力度不足的现象。企业所得税主要执行的税收优惠政策即"三免三减半"，但对于项目周期可能长达数十年的 PPP 项目而言，"三免三减半"政策只能为项目公司减免项目运营前六年的部分企业所得税，在项目的后续运营期间项目公司所需承担的企业所得税压力较大。同时，在项目运营期间，项目公司还需承担政策变动、供需变化、通货膨胀等多种风险，税收优惠政策力度不足会导致对社会资本的吸引力不够，社会资本可能在风险权衡之下放弃投资 PPP 项目。

因而，增值税和企业所得税现有优惠政策为企业带来的收益有限，不能很好地鼓励社会资本积极投身 PPP 项目。此外，优惠政策所涉及的税种有限，尚未对与 PPP 项目密切相关的契税、土地增值税、印花税等税种制定税收优惠政策，未能实现从多角度推进 PPP 项目的健康、快速发展。

4. 对特殊情形的规定尚未明确

在现有 PPP 税收政策的执行过程中，出现了一些可能影响政府和社会资本双方利益的实际问题，应当列为完善 PPP 税收政策需要考虑的因素。

一是中央和地方的资金安排问题。增值税和企业所得税均属于中央与地方共享税，根据现行规定，增值税的 50% 归中央所有，50% 归地方所有；企业所得税的 60% 归中央所有，40% 归地方所有。PPP 项目多为地方政府主导，在执行税收优惠政策时，不仅减免了归属于地方的税务，也减免了归属于中央的税务，而减免优惠却全部归地方所有，实际上构成中央将部分资金间接转移给了地方，"一项政策"使地方政府拿到"双份收益"。这不仅导致地方政府的权利与义务不相匹配，也容易加剧各地方政府之间为享受"双份"税收优惠，恶意争夺 PPP 项目，进而导致地区发展进一步不平衡的问题，违背了 PPP 项目发展的初衷。因而，应当在执行税收优惠政策时，对中央与地方的税收归属作出合理安排。

二是对收取政府补助的税务处理尚未明确。在 PPP 项目的实际建设、运营过程中，由于社会资本前期投资较大，资金回笼周期较长，政府会向社会资本提供一定的补助、奖励，以提高社会资本参与 PPP 项目、提供高质量公共设施及公共服务的积极性。一方面，在项目建设、运营过程中，政府给予部分资金支持，以保证项目公司的资金链充足；另一方面，在项目公司进行利润分配时，政府为奖励社会资本，可能将本属于自己的部分利润让渡给社会资本。但目前对于该类奖励、补助形式的税务处理方法尚无明确规定，从而无法判断社会资本分得利润超过其持股比例部分是否符合免税收入条件。对于在项目建设及运营阶段收取政府补助的行为，应当定义其是否需要纳税，确需纳税的应当明确其纳税方式，以消除社会资本对于政府补助纳税处理的疑虑。

三是对移交阶段的税务处理尚未明确。对于项目移交阶段所有权发生转移的情形，项目公司将涉及增值税、企业所得税、印花税、契税、土地增值税等税种的缴纳问题，但目前仍缺少相关规定对移交阶段的税务处理作出明确说明。尤其是在 TOT 模式中，将涉及 PPP 项目的两次移交，应当充分考虑移交时的征税问题，以及是否会在两次移交中重复征税。移交过程的税务处理不明确或税负过重将会对社会资本的积极性产生影响。

第三节　国外 PPP 税收政策主要经验及对我国的启示

一、国外 PPP 税收政策主要经验

1. 美国

在 PPP 税收政策方面，美国注重项目建设阶段融资环节的税收优惠，从而为项目公司提供更加便捷的资金获取渠道。美国在项目融资阶段的税收优惠政策主要体现在市政债券。美国市政债券的最大特点是为债券持有人和债券发行人提供税收优惠，免除联邦所得税及其他地方税，从而为各项公共基础设施和公共服务建设项目提供了充足的资金，降低了地方政府融资成本。在美国市政债券因其减免税优惠存量不断上升、持续稳定发展的同时，也为 PPP 项目提供了便捷的融资渠道。

美国对于 PPP 模式的支持还体现在土地使用权上。当 PPP 项目使用国家持有土地时，政府会以较低的租金为项目公司提供土地，或以政府和项目公司相互协商的方式确定租金价格，并伴随相应的税收优惠政策，通常涉及契税、土地增值税、城镇土地使用税等多个税种。因而，美国在土地使用权方面为 PPP 项目的落地建设提供了便利，节约了初始投资成本，对社会资本具有更大的吸引力。

2. 德国

前面提及我国对项目公司收取政府补助的税务处理尚未明确。德国政府也会以补贴、补助、补偿等形式对 PPP 项目进行资助，但德国对于资助后的税务处理作了明确规定，根据补偿款的性质决定是否需要为此进行税务处理。如果

该笔补偿款是为了与项目公司实现产品或服务的交换，则该笔补偿款实际上构成购买行为，项目公司的行为视同销售，应当对此按销售产品、提供劳务或应税服务缴纳增值税；如果该笔补偿款确实用于补偿、完善 PPP 项目的建设，不具有换取等价产品或服务的目的，则项目公司不需要为此缴纳增值税。

德国对土地使用权同样给予了税收优惠。当项目公司取得国有土地使用权，应用于 PPP 项目的建设、运营，并由公共部门无偿收回时，就可以享受有关土地流转税和财产税的税收优惠政策。

3. 韩国

韩国的 PPP 税收政策较为完善，不仅具有多项 PPP 相关法律文件，政策覆盖面也较为广泛。在融资方面，针对持续时限超过 15 年的 PPP 项目，其债券利息收入可单独适用较低的企业所得税税率；在分红方面，对于 PPP 项目实现收益取得的分红收入，可分档次享有低税率企业所得税优惠；在公共基础设施方面，对 PPP 项目涉及的公共基础设施建设实行免除增值税政策；在公共服务方面，对于学校相关设施实行免除增值税政策；对于外资投资 PPP 项目的情形，对所得税、财产税、购置税等税种予以减免。

4. 马来西亚

马来西亚对于 PPP 税收政策的制定也较为完善。在企业所得税方面，马来西亚的税收优惠力度较大，对于率先尝试新技术、对国家经济发展具有战略意义的企业，提供运营前五年免除企业所得税的优惠政策。在其后续运营年限中，上述企业仍享有企业所得税优惠，政策免除应交所得税中的 70% 部分，而对存在于经济特区的企业，则免除 85%。同时，项目公司还可以通过投资抵免减少所需缴纳的所得税，满足条件的 PPP 项目投资可在计算企业所得税时享受 60% 的投资抵免，对于经济特区企业，则享受 80% 投资抵免。此外，马来西亚还对印花税等其他税种采取了优惠措施。

二、完善我国 PPP 税收政策的建议

1. 制定较为系统的 PPP 税收政策

当前，我国 PPP 正处于高速发展阶段，越来越多的社会资本参与到 PPP 项

目的建设、运营中，PPP模式成为许多公共基础设施和公共服务的助推手。但目前，财政部、国务院办公厅、发改委等部门对于PPP税收政策的解释不尽一致，尚未出台较为完善的指导PPP模式税务处理的权威文件，导致地方政府实际执行PPP项目时面对部分税务处理环节无所适从。对此，应当积极推进PPP税收法律的制定、颁布与实施，并可针对PPP税收法律出台解释指南，让PPP项目各阶段的税务处理有据可循，让PPP税收优惠政策有法可依，刺激社会资本参与PPP项目的活力，推进公共基础设施及公共服务又好又快建设、发展。

推进PPP立法进程更是规范PPP项目发展的需要。虽然当前PPP模式处于快速发展时期，但需谨防非PPP模式的其他项目恶意利用税收优惠偷税、漏税的行为，以及不符合税收优惠条件的PPP项目通过各种手段享受税收优惠的行为。在立法时应当明确界定PPP项目的定义和范围，并对税收优惠程序做出具体规定，排除不适用PPP法律者非法适用的可能性，对合规项目做到按程序办事，按规矩办事。

2. 对现有政策的补充完善

现有政策已在一定程度上降低了社会资本进入PPP的阻力，但针对当前PPP发展现状，仍存在税收优惠力度不足、税收政策范围不广的问题。

相比其他PPP税收政策较为完善的国家，我国的税收优惠力度仍存在差距，主要体现在优惠税率、优惠年限等方面。在企业所得税税率上，我国目前仅对国家重点扶持的高新技术企业给予15%的低税率优惠，而韩国对于债券利息收入分档采用5%和14%的低税率，越南则对进入PPP领域的私人部门均采用10%的低税率。我国对于企业所得税优惠年限的规定大多为"三免三减半"，即涉及6年的优惠期。对此，泰国政府规定了8年的免税期，印度尼西亚政府则将免税期的最长期限确定为10年。因而，我国可在优惠税率、优惠年限等方面作出适当调整，以适应PPP项目运作收益低、运作时间长、复杂程度高的特点。在确定优惠政策的具体方案时，首先需要判断PPP项目公司的平均盈利能力，并将项目公司利润率与社会平均利润率进行比较，采用科学的计算方法确定优惠税率和优惠年限的调整幅度。此外，还可以利用其他形式减轻企业的所得税负担，例如计算应纳税所得额时对固定资产采用加速折旧方法、对以前年度亏损金额规定更长的结转年限等。

除对于企业所得税的优惠力度不足外，我国尚缺乏对于土地使用有关的优惠政策，主要涉及土地转让税、土地增值税、契税、房产税等税种。PPP 项目的前期投资中，对项目建设所需土地的获取是一项重要内容，土地获取的成本直接关系到项目公司建设、经营该项目的意愿。土地税收优惠政策能够帮助项目公司缓解 PPP 前期盈利少、投资多的资金流紧张问题。可适当参考国外关于处理 PPP 项目土地问题的经验，对土地转让价格的确定形式进行调整，并通过税收优惠政策降低项目公司取得土地的成本。

如前所述，我国的 PPP 税收政策范围尚不全面，公共基础设施领域有待完善，公共服务领域的税收政策亟待补充。因而，在税收范围方面，一方面需要完善原有公共基础设施领域的税收法规，诸如新能源设施、能源供热等新兴公共基础设施，还应当注重教育、养老等公共服务领域。在确定新领域税收法规前，应当对该领域当前及未来发展状况进行了解、评估，以吸引社会资本和规范该领域 PPP 项目发展为目标，并适当参照韩国、马来西亚等具有完善 PPP 税收法规国家的做法，制定符合我国 PPP 发展现状的税收法律政策，逐步扩大我国 PPP 税收政策的覆盖范围。

3. 对特殊情形制定税收处理方案

虽然大部分交易事项均涉及税务处理的相关规定，但考虑到 PPP 项目的特殊性和复杂性，需要对部分交易事项的税务处理做出特殊规定，以进一步调动社会资本的积极性。

一是建设阶段增值税进项税额难以抵扣。建设阶段进项税额"抵扣难"将影响企业现金流，增加企业资本成本。因而在现有税收政策中可以考虑进项税额退税或进项税额抵减应纳税所得额等方案，使项目公司建设阶段待抵扣进项税额得到利用。

二是移交阶段税务处理方法尚未明确。对于非私有化类型的移交不需要进行税务处理，但应当对私有化类型的移交规定其具体税务处理方法，对增值税、企业所得税、契税、印花税等税种进行缴纳。为避免交易双方重复征税的情况，应按照资产的账面净值计算税额。

三是政府补助税收优惠涉及中央与地方间接资金转移。政府补助税收优惠涉及中央向地方的资金移转，容易加剧各地发展的不平衡性。究其原因是税收优惠在免除地方税额时，也免除了中央税额。因而，在涉及政府补助税收优惠处理时，不应免除中央税额部分，或对补助部分企业所得税实施 100% 即征即退政策，做到权利与义务对等，避免由于中央与地方之间资金转移造成的地区间矛盾。

4. 完善 PPP 税收法规所需考虑的其他因素

一是项目本身差异因素。当前，PPP 项目涉及的领域更加广泛，但各领域间可能存在项目建设周期、项目运作难度、项目盈利能力等方面的差异。对此，PPP 税收法规应当考虑项目间的差异，可按项目建设周期分为短期、中期、长期建设项目，按项目盈利能力分为经营性项目、准经营性项目和非经营性项目等，针对不同分类下的 PPP 项目根据其特点分别确定其税收政策，例如对长期建设项目、非经营性项目提供一定的税收优惠，从而促进 PPP 各领域项目协调发展。

二是时间风险因素。由于 PPP 项目的特殊属性，政府与社会资本的合作期原则上不低于 10 年，实际上可能长达数十年之久，项目进展中可能受到政策变化因素的影响。在为 PPP 项目制定统一税收法规时，应当明确新旧法规冲突时的遵循原则，必要时应当考虑因税收政策变化原因支付给项目公司的补偿，扩大税收政策在时间跨度上的覆盖范围，以消除社会资本在税收政策上的担忧，降低社会资本的税收风险。

第七章
PPP模式中的审计与监督

PPP 模式建设项目是以关系型契约方式对公共工程项目组织项目执行和移交的动态全过程，结合政府审计监督范围，应将 PPP 模式建设项目纳入政府投资建设项目审计的范围（孙凌志等，2016）。为了规避 PPP 模式的潜在风险，将 PPP 模式建设项目作为审计监督的重点领域，以充分发挥审计的"免疫系统"功能[①]。由于 PPP 模式项目建设周期长且审计规模庞大，PPP 项目不可被分解审计，因此，PPP 模式项目建设应采取跟踪审计的审计方式（严晓健，2014）。目前跟踪审计已成为政府投资建设项目审计中最为主要的审计方式，但是，不同模式下的建设项目审计内容会存在一定的差别，面对动态变化的需求，现阶段常用的阶段性跟踪审计已难以适应（时现，2016），故需要重塑 PPP 项目跟踪审计方法体系。因此，本章基于 PPP 模式，对政府投资建设项目跟踪审计从概念、分类、要素、内容、风险识别和控制及监督方面进行阐述，并在要素分析过程中将传统模式与 PPP 模式政府投资建设项目跟踪审计进行对比分析研究。此外，面对 PPP 模式的特点，政府投资建设项目跟踪审计监督方式需要实现多元化规范发展。

第一节　PPP 模式下政府投资建设项目跟踪审计的概念及分类

2014 年，国务院在《国务院关于加强审计工作的意见》中提出"实现审计监督全覆盖"目标。自 2014 年以来，"全覆盖"成为我国审计的"新常态"。作为政府投资建设项目审计的主要审计方式，跟踪审计（即审计人员在项目的建设进度过程中对该建设项目的合规性、真实性和效果性进行评估的监督行为）可以更有效地将政府投资建设项目"审计监督全覆盖"政策落实到位。

一、PPP 模式下政府投资建设项目跟踪审计的概念

政府投资审计是指审计机关依据国家法律、法规等规定，对使用政府投资

[①]　引自中国审计署官网，http：//www. audit. gov. cn/n4/n20/n524/c123074/content. html。

和以政府投资为主的项目实施审计或专项审计调查的监督行为，具有依法性、独立性特征。而 PPP 模式确认的关键标准之一是"物有所值"，即强调全生命周期的降本增效，以及财政可承受能力与项目可融资性①（吉富星，2017），其核心是经济性、效率性和效果性。

因此，结合"物有所值"的核心、政府投资审计和跟踪审计的定义，PPP 模式下政府投资建设项目跟踪审计是指审计机关在 PPP 模式下的政府投资建设项目建设进度过程中，依据相关法律法规，对政府投资建设项目的合规性、真实性、经济性、效率性和效果性进行评估的监督行为。其中，合规性是指 PPP 模式下政府投资建设项目是否按照相关法律法规进行开展；真实性是指政府投资建设项目是否符合 PPP 模式标准以及相关的费用及收入是否真实发生；经济性是指 PPP 模式下政府投资建设项目支出是否节约；效率性是指 PPP 模式下政府投资建设项目支出是否能实现"以小博大"效应；效果性是指 PPP 模式下政府投资建设项目实施后是否达到预期效果。

二、PPP 模式下政府投资建设项目跟踪审计的分类

按时间特征可将跟踪审计分为阶段性跟踪审计、重点环节跟踪审计和全过程跟踪审计三类，如图 7 - 1 所示。

阶段性跟踪审计是指审计人员在建设项目某一具体阶段开始进驻项目组进行审计工作的开展。重点环节跟踪审计是指审计人员在建设项目某一时点（即在对建设项目进行评估后认为的需要审计的重点环节）开始进驻项目进行审计工作的开展。全过程跟踪审计是指审计人员从项目开始时即参与，直至建设竣工结束为止的审计工作方式。依据建设项目的不同时间区间，全过程跟踪审计主要被划分为四个阶段，即建设前期阶段审计、建设施工阶段审计、建设竣工阶段审计和后续管理使用阶段审计四个阶段。

现阶段，政府投资建设项目跟踪审计模式存在传统模式和 PPP 模式两种。引入 PPP 模式后，政府投资建设项目审计按时间分类应与传统模式下的趋同，

---

① 吉富星：《中国 PPP 模式的运作实务》，中国财经经济出版社，2017 年版。

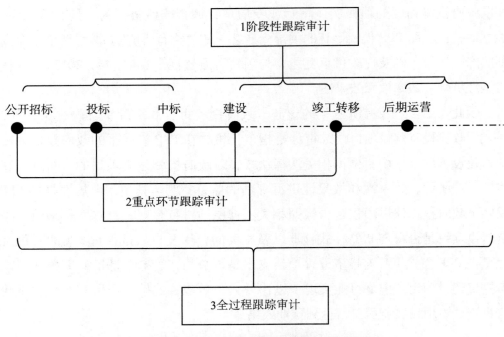

图 7 - 1　跟踪审计概念及分类示意图

即应包括政府投资建设项目阶段性跟踪审计、政府投资建设项目重点环节跟踪审计和政府投资建设项目全过程跟踪审计，其中全过程跟踪审计应包括建设前期阶段审计、建设施工阶段审计、建设竣工阶段审计和后续管理使用阶段审计四部分。在 PPP 模式实务运用过程中，我国大部分审计机关都从施工开始时进行跟踪，此外，部分审计机关也有前伸到招投标阶段或"三通一平"（通水、通电、通路）施工准备阶段，即阶段性跟踪审计（时现，2016）。因此，在实务中，对政府投资建设项目实行重点环节跟踪审计方式或全过程跟踪审计方式的鲜有。

第二节　传统模式下政府投资建设项目
跟踪审计框架分析

传统模式下政府投资建设项目跟踪审计框架可以从政府层面和审计机构层

面两视角进行考虑。从政府层面分析，传统模式政府投资建设项目跟踪审计主要由政府进行组织和管理，通常表现为政府相关部门审计机构负责具体工作的组织和管理，而在实际工作中政府相关部门按定的采购程序择优选择社会中介机构进行政府投资建设项目跟踪审计。现从审计机构视角分析传统模式下政府投资建设项目跟踪审计框架。

一、传统模式下政府投资建设项目跟踪审计的审计流程

传统模式下，审计机构接受政府委托后按照政府监督管理的要求成立项目小组，编制工作实施方案，制定审计计划，安排项目组开展政府投资建设项目跟踪审计工作。通过审计机构按照项目特点选派项目负责人、技术负责人和审计人员组成项目小组，按照工程和财务并举的审计思路开展审计现场工作，现场工作过程中工程师（造价工程师、咨询工程师）和会计师（注册会计师、注册资产评估师）的相互核对、验证工作。按照审计计划项目小组分次、分阶段进驻项目现场开展审计工作，进驻的时点通常具有一定要求和程序，确保审计机构掌握项目建设管理情况，并实行三级复核程序（即审计项目负责人、审计组所在部门及审计机构质量管理专职部门三级）。除此之外，审计应重点关注的内容可按项目生命周期划分为建设前期阶段审计、建设施工阶段审计、建设竣工阶段审计和后续管理使用阶段审计四部分（覃伟楼，2017）。

二、传统模式下政府投资建设项目跟踪审计的重点内容

为了充分发挥跟踪审计的"免疫系统"功能，应根据政府投资建设项目的具体过程确定实施审计的重点环节，即分为建设前期阶段审计、建设施工阶段审计、建设竣工阶段审计和后续管理使用阶段审计四阶段，具体审计流程如图7-2所示。

1. 建设前期阶段审计

建设前期阶段审计需要重点进行可行性审计、招投标审计、设计方案和概算审计以及建工合同审计工作。

进行可行性研究是政府建设项目前期阶段进行投资决策时不可或缺的重要

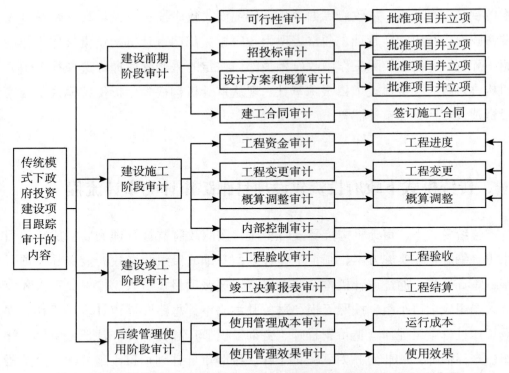

图 7 – 2　传统模式下政府投资建设项目跟踪审计的重点内容示意图

环节。因此，可行性审计应审查项目机制是否健全、审查政府投资建设项目的评估指标是否具有合理性和有效性。进行招投标审计时，审计人员应审查政府投资建设项目及相关文件的合规性，审查投资建设项目招标及投标过程的合理性。审计人员在设计方案和概算审计过程里，应重点审查政府投资建设项目的设计概算和施工图预算的合规性及有效性，从源头上控制工程造价。建工合同是项目建中进行建设规模、质量审核以及施工进度控制的主要依据。因此，审计人员在建工合同审计过程中应重点关注合同中的要素是否齐全，是否明确双方的权利及义务、协作条款和违约责任。

2. **建设施工阶段审计**

建设施工阶段审计需对工程资金、工程变更、概算调整和内部控制四个内容予以重点关注。

在进行工程资金审计时，审计人员应在收到经主管单位和现场监理工程师身份证确认完成工程量和质量合格的初审工程进度款申请书后，应及时核对工程建设进度、合同执行及工程质量验收等情况，真实客观地核算已完成的工程量，以关注项目配套资金的合规性、合理性和效果性。在进行工程变更审计时，审计人员应对政府投资建设项目的设计变更工程量、额外增加工程量和工程量清单中错项漏项进行重点关注。在进行概算调整审计时，审计人员应重点分析概算调整的原因（由于项目前期阶段工作不到位或存在漏洞而引起的工程造价提高、由于项目建设施工阶段管理不善引发的费用增加或由于物料价格提高等客观因素导致）在进行内部控制审计时，审计人员在与建设项目的各方充分进行沟通后，了解建设单位的内部控制在其设计和执行过程中是否健全有效。

3. 建设竣工阶段审计

竣工阶段审计是政府投资建设项目跟踪审计进行全过程监督的重要环节，主要包括工程验收审计和竣工决算报表审计两方面。

审计人员在进行工程验收审计时，应通过实地考察，审查工程数量、工程质量和工程设计等方面，将合规性审计与控制制度审计相结合。在竣工决算报表审计时，审计人员应通过审查竣工决算报表和竣工决算说明进行。首先，审查竣工决算报表中科目余额和发生额的真实性、准确性和完整性。其次，审查竣工决算说明中有关政府投资建设项目有关结算单价的计价原则、方法的合理性，待摊投资的真实性与合理性以及少量未完工项目情况的真实性。

4. 后续管理使用阶段审计

后续管理使用阶段审计是对完工后的政府投资建设项目的使用管理情况进行跟踪审计，以有效预防财政资金的浪费、潜在的贪污腐败和"豆腐渣工程"现象，主要包括使用管理成本审计和管理效果审计两方面。

审计人员在审计使用管理成本时，应重点关注政府投资建设项目在正式投入使用后，项目的运行、维护等管理费用的合理性与真实性。在进行使用管理效果审计时，应重点关注政府投资建设项目的政策实施效果情况。

第三节　传统模式与 PPP 模式下政府投资建设项目跟踪审计要素对比分析

PPP 模式的核心特征是"物有所值"。将 PPP 模式引入政府投资建设推行后，建设项目发起人的角色发生了巨大变化（由建设者转变为合作者甚至是监管者），同时，政府投资建设项目三种实施方式（发起人主导方式、承办人主导方式和双方主导方式）中，政府对项目的直接控制权存在较大差别，但后两种实施方式更适合在实务中予以运用（胡凌志等，2016）。

因此，PPP 模式的出现改变了传统模式下政府投资建设项目建设程序，此外，社会资本的加入使得项目投资审计内容、方式和重点均发生重大变化，综上可以发现，现行以投资人利益为主导的国家建设项目阶段性跟踪审计已难以应对现实的需求，重塑 PPP 项目政府投资建设跟踪审计方法体系迫在眉睫（时现，2016）。而重塑的前提是需要清晰了解政府投资建设跟踪审计在传统模式和PPP 模式两种模式下所存在的差异点，现按审计要素视角进行对比分析，如表7 – 1所示。

表 7 – 1   传统模式与 PPP 模式政府投资建设项目跟踪审计
按审计要素对比分析表

审计要素	传统模式政府投资建设项目跟踪审计	PPP 模式政府投资建设项目跟踪审计
审计对象	项目建设单位	政府投资方、社会资本、项目公司、项目实施机构及关联的相关单位
审计目标	维护政府利益	维护所有参与方利益
审计程序	基本一致（除了实质程序不同外）	
审计方式	工程决算审计方式	采取更灵活的跟踪审计方式，且选择依据为项目付费机制
审计内容	依据《政府投资项目审计管理办法》中第六条规定	

一、两种模式下政府投资建设项目跟踪审计对象及目标对比分析

1. 两种模式下政府投资建设项目跟踪审计的审计对象对比分析

对传统模式下政府投资建设项目而言，项目的预算执行主体一般为项目建设单位，项目建设单位既是建设项目资金的出资方，又是项目成果的所有权人，项目建设单位通常为被审计单位。

PPP 模式引入后，政府投资建设项目改变了项目投资主体及其控制地位，建

设项目相关单位包括政府投资方、政府指定的项目实施机构、由社会资本方和政府投资方组建的项目公司，以及设计、施工、监理等单位，被审计单位较为复杂。因此，PPP 项目审计中，被审计单位的范围应包括政府投资方、社会资本方、项目公司、项目实施机构及关联的相关单位。但审计实务操作中仅能确定一家单位为审计通知书的送达单位，考虑到项目公司具体执行建设项目的预算和决算，设计、施工、监理等合同也由项目公司签订，因此采取将项目公司作为审计通知书的送达单位，其他相关单位通过送达审计调查通知书的方式较为合理。

2. 两种模式下政府投资建设项目跟踪审计的审计目标对比分析

《审计法》规定审计机关对政府投资和以政府投资为主的建设项目的预算执行情况和决算进行审计监督。因此，传统模式下政府投资建设项目审计一般以维护政府利益为目标，主要审计项目资金概预算执行情况和决算造价真实性。

PPP 项目实施过程中，审计客体的目标各不同，即政府以项目如何满足公共利益为目标，而社会资本方则追求利润的最大化。由于社会资本方在项目公司占有绝对控股权，仅依靠社会资本方的自律难以实现政府与社会资本双方管理目标的平衡，但过度的监管也不利于社会资本方发挥管理和投资的优势。因此，只注重单一目标开展审计，无法系统全面地履行政府审计对 PPP 项目的监督职责。

所以，PPP 项目顺利实施的前提是合作双方实现优势互补、风险共担和利益共享，发挥各自的优势和能动性。对此，PPP 模式下的审计目标应着眼于项目的可持续性，关注风险的合理分配、信息的合理披露、资源的合理配置、政府或公众合理付费、项目的建设效果和公共服务能力，从预算和决算的真实性转向经济性、效果性、效率性和环保性"四位一体"的审计目标体系，最终实现"物有所值"的建设目标。

二、两种模式下政府投资建设项目跟踪审计程序及方式对比分析

1. 两种模式下政府投资建设项目跟踪审计的审计程序对比分析

审计程序通常分为七类，即检查、观察、询问、函证、重新计算、重新执行和分析程序，其中函证、重新计算和分析程序只能做实质性程序，重新执行

只能做控制测试，其余三者既可做控制测试又可做实质性程序。而风险评估程序和监盘程序属于组合程序，即由上述七大基本程序按需要组合而成。

PPP 模式下的政府投资项目跟踪审计的审计程序与传统模式下基本一致，差异在于如何结合 PPP 模式下社会资本"利润最大化"目标及复杂的合同体系特点设置相应的实质性程序。

2. 两种模式下政府投资建设项目跟踪审计的审计方式对比分析

传统模式下政府投资建设项目主要使用跟踪审计和决算审计方式开展审计。跟踪审计是从建设项目的立项、可行性研究、设计、征地拆迁、招投标、合同签订、工程价款结算、竣工验收直至项目投产使用进行审计监督。决算审计是建设单位完成全部建设内容后，对包括工程价款结算、资金来源、征地拆迁、勘察设计等的财务收支进行审计。

对于 PPP 项目来说，决算审计方式不能满足审计目标的需求，应该采取灵活的跟踪审计方式，跟踪方式也应对于不同的项目付费机制有所区别。PPP 项目常见的三种付费机制：政府付费机制（即由政府直接付费购买公共产品和服务）、使用者付费机制（由最终消费用户直接付费购买公共产品和服务）、可行性缺口补助机制（即使用者付费不足以满足项目公司成本回收和合理回报，政府进行一定的补助）。其中政府直接付费和政府补贴机制需要对项目建设和运营成本进行核实。在社会资本的实际采购中，这两种付费机制一般采取固定费用包干和成本加合理利润两种模式确定具体的政府付费标准。固定费用包干的模式由社会资本承担全部成本风险，不需要再对成本进行核实，只需要对调价的情况进行审核，可以采取阶段性跟踪审计方式，开展前期决策、合同管理、后期运营"三段式"审计。成本加合理利润的模式则由政府对建设成本有条件地兜底，需要对成本的真实性和合理性进行核实，可以采取全过程跟踪审计或者关键环节跟踪审计方式[①]。

三、两种模式下政府投资建设项目跟踪审计的审计内容对比分析

传统模式下政府投资建设项目跟踪审计的内容在《政府投资项目审计管理

---

① 引自中国审计署官网，http://www.audit.gov.cn/n6/n1558/c109710/content.html。

办法》中第六条予以强调，包括履行基本建设程序情况、投资控制和资金管理使用情况、项目建设管理情况、政策措施执行和规划实施情况、工程质量情况、设备物质和材料采购情况、土地利用和征地拆迁情况、环境保护情况、工程造价情况和投资绩效情况。

PPP 模式政府投资建设项目跟踪审计的内容范畴要结合自身特点，按照《政府投资项目审计管理办法》进行审计内容的确定，包括从项目开始时的履约、PPP 项目工程建设质量、环境保护情况、投资绩效等。

第四节　PPP 模式下政府投资建设项目跟踪审计的重点内容

引入 PPP 模式后，审计机关更注重从 PPP 项目全生命周期视角对政府投资项目进行跟踪审计，故按照财政部《操作指南》划分的 PPP 项目全生命周期，审计人员应在项目的不同阶段确定 PPP 项目的重点审计内容。

一、PPP 项目成立阶段

按照以项目公司为主体的分类方式，项目公司成立阶段是指项目执行前开展的一系列准备工作，PPP 项目的成立阶段可分为项目识别、项目招投标、合同谈判、成立项目公司及项目融资五个环节。

审计机关应对项目实施方案的风险分配基本框架、项目运作方式、交易结构、合同体系、监管架构、采购方式选择等事项进行监督。

PPP 项目识别阶段，审计机关要充分发挥经济运行"安全员"的职责，监督各部门做出科学决策，是否严格遵循"两评"机制以保障地方财政平稳运行。

PPP 项目合同谈判阶段，审计机关应监督项目实施机构是否派遣两人或两人以上进行合同谈判，是否对谈判的相关内容做了相应的记录，是否遵循了相关的合同谈判规定。

PPP 项目成立项目公司阶段，项目公司是依法设立的自主运营、自负盈亏的具有独立法人资格的经营实体，对于一个 PPP 项目来说可以不是必要的环节，但是在 PPP 实践中，通常会成立项目公司，这时审计机关就应该监督项目公司的成立是否符合相关规定，岗位职责是否明确，不相容职务是否相互分离等。

PPP 项目融资阶段，社会资本的选择是 PPP 模式的关键环节，审计机关应监督项目实施机构根据项目的特点，依法选择适当的融资方式。

二、PPP 项目建设阶段

项目建设通常采用整体外包的形式，与建设公司签订总承包合同，随后建设公司作为总包方可将项目的部分内容划分给分包方。由于 PPP 项目的建设工作通常较为复杂，建设周期较长，项目公司为确保满足政府所提出的项目质量要求，应当对总包方的设计、施工过程进行监督，确保项目按期完成，并对总包方的支出进行合理控制。在这一阶段，审计机关应该对项目的设计和施工过程进行监督，确保项目符合政府所提出的质量要求，同时对施工进度进行监督，确保其在项目结束期之前完工。

三、PPP 项目运营管理阶段

合同管理是重中之重，审计机关应监督合同管理是否有效，风险分配是否科学合理，合同履行既要维护政府和社会公众的利益，同时也要维护好社会资本的合法权益。而维护项目建设资金安全是保持项目运行的基础，由于 PPP 项目资金来源于政府和社会资本两个方面，这两方面共同构成了项目建设的资本金，因此，要对 PPP 项目建设过程中的资金安全问题进行有效把握，特别是要防止项目建设过程中舞弊行为的发生。另外，PPP 项目建设和运营期，成本核算应该成为审计的重点。社会资本为了追求利益的最大化，可能会有提高收费价格、做大投资成本和多占经营资源等行为，其中做大投资成本的冲动最为强烈，通过虚构成本套取建设资金，同时又为提高政府付费和多占经营资源提供理由。如果缺失监督机制，可能造成政府高付费、社会资本侵占政府经营资源的不良后果。因此，审计机关应严肃查处权钱交易、损害人民利益、破坏生态环境、损失浪费和工程质量存在隐患等问题，及时移送违法违纪案件线索，促进解决工程建设领域存在的突出问题，特别关注在项目建设和经营环节多结算工程价款、虚假合同套取资金、虚构管理费用等问题，重视发现贪污、腐败和利益输送等重大案件线索以检查项目的合法合规性。

四、PPP 项目移交阶段

PPP 项目移交阶段，审计机关应监督社会资本把满足性能要求的项目资产、知识产权和技术法律文件完整移交给政府指定机构，办妥法律过户和管理权移交手续；同时，在新形势下，围绕"三大攻坚战"，通过审计监督，有效促进稳增长、促改革、调结构、惠民生、防风险政策措施的落实，积极关注 PPP 等民间资本参与市政公用项目运作流程、规模和绩效，以对项目的投资效益做出充分评价并对项目成本及收益进行合理测量。此外，还需要监管项目建设的质量安全。

第五节　PPP 模式下政府投资建设项目
跟踪审计风险识别及控制

一、PPP 模式下政府投资建设项目跟踪审计风险识别

现代风险导向审计是指以被审计单位的战略经营风险分析为导向进行审计。

根据审计风险模式（审计风险 = 重大错报风险 × 检查风险），结合传统模式与 PPP 模式政府投资建设项目跟踪审计对比分析发现，PPP 模式下社会资本的社会逐利动机可能让组织治理和管理层采用不恰当的治理与管理方式，组织层面不可避免地存在战略经营风险，致使项目公司相关造价、会计数据等产生重大错报风险，因此项目最大的审计风险为重大错报风险，即被审计单位的战略经营风险（刘艳波，2015）。

现根据不同地域 PPP 项目（中国境内 PPP 投资项目与"一带一路"沿线国家 PPP 投资项目）审计所存在的风险阐述风险识别和风险控制。

1. 中国境内 PPP 投资建设项目跟踪审计风险识别

中国境内 PPP 投资建设项目跟踪审计风险主要有法律制度风险、合同违约风险、会计核算风险和资金管理风险四个。

（1）法律制度风险。

政府政策的调整对 PPP 项目合同的履行有重大影响。由于国家缺少统一的 PPP 项目相关的法律法规，我国 PPP 项目的实施一般依据国家部委的规章和文件。这些文件内容的频繁调整往往引起了 PPP 项目合同的争议和纠纷。

（2）合同违约风险。

PPP 项目合同的"唯一性"或"不竞争性条款"是 PPP 项目投资回报的有效保障措施。尤其是以使用者付费为单一收入来源的经营性收费公路 PPP 项目，项目的唯一性是项目合同的核心必备条款。如果缺少了该项条款或该条款规定不明确，投资人的利益将难以得到保障。此外，PPP 项目合同审核的另一个关键要素是"物有所值"，但《PPP 特有所值评价指引（试行）》中只是鼓励开展定量评价，但目前主要还是以定性评价为主，而定量评价尚无统一的操作标准，因此，中介机构面临较大的审计评价风险。

（3）会计核算风险。

PPP 项目所选取或执行何种会计制度和采用何种会计核算方法将直接决定被审计单位的会计信息质量，而目前尚没有 PPP 模式专门的会计核算规定，主要参考的文件为企业会计准则解释第 2 号关于"企业采用建设经营移交方式（BOT）参与公共基础设施建设业务"的规定，给企业带来了潜在的会计核算风险。

（4）资金管理风险。

在资金来源方面，传统模式下政府投资建设项目中占主导地位的资金来源是国家投资，但引入 PPP 模式后，相关资金来源方式变化最大的就是社会资本，其在 PPP 模式下直接增加了社会资本以权益资本形式的投入。由于资金来源的变化所带来的资金使用及效益也会产生不同的影响，因而给企业带来一定的资金管理风险。

2. "一带一路"沿线国家 PPP 投资建设项目跟踪审计风险识别

当前，"一带一路""PPP 与中国企业海外投资"已经成为全球广为关注的焦点。根据国际市场的情况，当前中国境外 PPP 项目投资面临难得的发展机遇，如能源、电力、交通和环保等项目将成为吸引我国投资的新亮点。投建营一体化将成为行业发展的"新常态"。在这样的国际市场大环境和趋势下，许多企业把握机遇，实现海外业务的提质增效。但是中国企业在境外投资基础设施 PPP 项目工作中将遇到一系列的风险。境外投资的主要风险除了包括境内投资项目的法律制度风险、合同违约风险、会计核算风险和资金管理风险外，还存在政治风险，其中前四个在此不再赘述，现重点介绍政治风险。

政治风险也称为国家风险。在投资前，投资者应当收集项目所在国政府的产生、更迭及该国的民俗、民族矛盾、宗教、文化及项目所在国是否发生过战争、内乱、政府变更频繁、政府办事效率低、项目国有化、项目征用等方面的问题和纠纷，并对项目的可行性做进一步分析，必要时可以向有关的咨询机构咨询。

二、PPP 模式下政府投资建设项目跟踪审计风险控制

PPP 模式得到普遍青睐，主要源于两个因素：一是企业在转型升级过程中，投融资是促进我国承包企业提供利润的主要动力；二是"一带一路"沿线国家日益青睐国外投资以发展本国经济，特别是借助 PPP 模式加快基础设施建设的意愿更加强烈。发达国家和拉美国家普遍采用 PPP 模式，并制定相关法律；亚洲和非洲国家等分别制定了促进 PPP 项目投资的有关法律，试图运用 PPP 模式促进其所在国基础设施和公共服务业的投资和发展（中央财经大学政信学院，2018）。因此，需要对 PPP 模式开展政府投资建设项目跟踪审计，关注其风险识别以及风险控制环节，而审计控制的核心在于识别相关风险，落实风险控制的

关键环节点和关键控制点，并采用一定的措施来防范面临的风险（刘艳波，2015）。

1. PPP 模式下政府投资建设项目跟踪审计风险控制关键环节点

（1）制度及会计核算方面。

制度及会计核算方面的控制目标有是否执行最新的法律制度、是否执行恰当的会计制度、会计核算方法的选用（如会计政策、会计估计）是否合理、会计信息是否真实与准确。对此，应注意审计控制环节有财务管理办法及会计核算制度的制定情况、会计科目的设置情况和会计报表的编制情况等。

（2）合同管理方面。

合同管理方面的控制目标是 PPP 项目合同确定方式的合规性、项目合同体系是否完善、项目合同内容是否清晰、项目违约及退出机制是否健全合理。对此，需要关注的审计控制环节包括 PPP 项目合同确定的方式、PPP 项目合同体系的构成、PPP 项目合同规定的特定权利与义务以及 PPP 项目合同相关的担保、违约及项目退出等不可预见事由的约定等。

（3）资金管理方面。

资金管理方面的控制目标是资金是否按计划及时足额到位、银行账户的开设及管理是否合规以及资金使用的合规性和效益性。对此，相应的审计控制环节包括银行账户管理规定及开设情况、银行账户限制性资金情况、出资人出资协议及资金到位情况、项目融资计划及批复、项目融资合同及资金到位情况以及资金支付的条件等。

2. PPP 模式下政府投资建设项目跟踪审计风险控制措施

防范审计风险与提升审计质量是一脉相承的。防范风险的最终目的是为了提升质量。因此，新时期，投资审计应做到"内外兼修"，严控风险，提升质量。

（1）审计机关层面。

首先，要严格程序，健全制度，用制度来规范审计干部及投资审计工作的开展；其次，要加强对投资审计干部的学习、培训，提升发现问题、分析问题、解决问题、协调沟通、总结提炼、组织管理等方面的能力，打造高素质的审计队伍；最后，要强化对投资审计人员的职业道德和廉政纪律教育，严格执行"审计八不准"工作纪律，加强审计项目廉政回访等监督检查制度，切实防控廉政风险。

（2）中介机构层面。

做到"三严格"，即严格对中介机构的选择、管理和问责。在选择中介机构时，应遵循公开、公正、廉洁的原则，科学、合理地选择；严格对中介机构的管理，做到"三个坚持"。一是坚持问题导向，促进中介人员积极作为；二是坚持绩效导向，主要看查出问题的深度、高度、广度，促进中介高质量完成投资审计项目；三是坚持过程控制导向。做到"严、实、新"。以"项目+实地考察+座谈"的模式，制定更加严格的项目验收标准，更加详实的项目考核标准，更加新颖的考核方式等，把控中间环节，提升中介机构服务质量。严格对中介机构的追责。实行定期巡查制度，开展对中介机构履责情况的检查，严厉查处中介机构因弄虚作假、徇私舞弊或滥用职权造成审计的重大过失，依法追究其相关责任。

第六节　PPP 模式下政府投资建设项目跟踪审计监督现状及优化

一、PPP 模式下政府投资建设项目跟踪审计监督的现状

1. 目前 PPP 项目跟踪审计方式不合适

PPP 模式的出现改变了传统模式下政府投资建设项目建设程序。此外，社会资本的加入使得项目投资审计内容、方式和重点均要发生重大变化。在 PPP 模式实务运用过程中，我国大部分审计机关都从施工开始时进行跟踪，此外，部分审计机关也有前伸到招投标阶段或"三通一平"（通水、通电、通路）施工准备阶段，即阶段性跟踪审计（时现，2016）。一个完整的 PPP 项目是一个有机整体，其全生命周期各环节者是紧密联系，互相不可分割的，因此，单个 PPP 项

目不可以被强行分割成部分审计，以避免各个环节之间脱节，缺乏效率（胡雪海，2017）。综上所述，现行以投资人利益为主导的国家建设项目阶段性跟踪审计已难以应对现实的需求，需要重新构建 PPP 项目跟踪审计方法体系。（时现，2016）

2. PPP 项目跟踪审计工作不到位

在 PPP 项目监督管理权责不清基础上，很多参与 PPP 项目的企业考虑附加审计的成本问题，因而不对 PPP 项目进行审计。因此，在逐利驱动下，在建设过程中，企业舞弊情况而推动监管。除此之外，形式审计不能产生实质性作用，也难以发挥政府审计真正"免疫系统"功能。

3. PPP 项目跟踪审计力量薄弱

在国家政策大力推进 PPP 项目背景下，在全国范围内以 PPP 模式开展的项目如雨后春笋般开展。建设项目多，现有审计力量和知识水平的不足，技术和理论限于传统审计理论和实务，对于 PPP 项目审计还缺乏认识，不能很好地发挥管理审计的作用，最终难以实现 PPP 投资建设项目审计"全覆盖"。而 PPP 项目作为一个整体接受审计，相对传统的决算审计来说审计内容更多，工作量巨大，对审计工作人员而言存在较大的困难。

二、PPP 模式下政府投资建设项目跟踪审计监督优化

1. 优化 PPP 项目跟踪审计方法

在审计方法上，搞好"三个结合"做到"传统与现代"相结合，强化运用现代技术方法审计的力度，加强对数据的清洗、整理和分析，促进提高投资审计的效率和效果；"审计与调查"相结合，将单一项目审计与重点专项调查相结合，通过对一个主要项目进行审计后，再对所有这一类项目在同一方面的问题进行审计调查，发现同一类项目存在的普遍问题。这两种方法结合，既能够查出问题，扩大审计覆盖面，又能够节约审计力量，起到事半功倍的效果。"现场与分析"相结合，强化对投资审计分析力度，对同类问题进行汇总、整理、分析、深挖，重点从制度、机制、政策层面上查找原因，充分运用审计情况专报等载体，有针对性地提出完善制度、堵塞漏洞、改进政策、创新机制的意见和

建议，科学发挥参谋助手作用，为领导决策提供相关参考依据。

2. 建立 PPP 项目跟踪审计监督机制建立

制定符合 PPP 项目自身特点的绩效评价机制、社会监督机制和责任追究机制。建立健全 PPP 项目综合性评价体系，对项目目标实现、运营管理、公共服务质量、公众满意度等情况进行全面绩效评价，评价结果依法对外公开，接受社会监督。同时，根据评价结果和合同约定，对服务价格、收费标准或财政补贴等进行调整，激励社会资本通过管理和技术创新来提高公共服务质量。实行 PPP 项目重大错误失误终身责任追究制，对虚假申报和因决策失误、管理失职造成 PPP 项目未达到预期成效和财政资金大量损失的，应严格追究有关当事人的责任。

3. 定期对参与 PPP 项目跟踪审计人员开展培训

参与 PPP 项目跟踪审计的审计人员需要转变其现有的传统审计思想，实现审计思想的"三个转变"。因此，审计人员应需要掌握从项目数量规模到注重质量效益的转变，在计划制定时应突出政府投资中重点、难点、热点项目，划分轻重缓急，做到分类管理、分层次审计，实现"量"到"质"的转变；需要掌握从注重单一工程造价向投资管理全过程审计转变，强化对"工程、财务、管理、绩效"的审计力度，着力推动国家宏观政策落地生根，整合共享资源，促进提高投资资金效益，有效防范各类风险，实现"点"到"面"的转变；需要掌握从管理型审计向监督审计转变，加强计划制定的成果导向性，增强投资审计服务的层次、深度，提高投资审计监督服务水平，实现"微观"到"宏观"的转变。

第八章
PPP模式案例分析

——以××　PPP项目为例

　　××PPP 项目——作为 A 省基础设施建设领域首个县级 PPP（政府与社会资本合作）项目，以建设期的施工控制和运营期的健康观测为手段，结合智慧交通方案，实施大数据一体化式建管养全寿命周期质量安全保障方略。通过公开招标方式选择施工承包商，采用竞争性磋商方式采购 PPP 合作人，并运用BOT 方式进行建造，即××县政府通过签订《特许权协议》将建设及运营权移交给双方共同成立的项目公司，项目在 20 年运营期结束后，将项目无偿移交给××县政府。运作方式属于全生命周期绩效管理的 PPP 模式。

第一节　国内县域经济发展现状

　　古语云："郡县治而天下安。"自秦朝统一中国以来，县制已经实施了 2000多年。县域经济是具有地域特色和功能齐全的区域经济，它在县级行政区划的地理划分基础上，通过县级政权执行，但仍以市场自我调节的方式进行资源优化配置。县域经济是协调城乡经济社会发展的基本单位和重要基础。

　　中国共产党第十六次全国代表大会第一次采用了"县域"的概念。十六届三中全会通过的《中共中央关于完善社会主义市场经济体制若干问题的决定》指出，要"大力发展县域经济，积极扩大农村就业空间，取消对农民就业的限制性规定，为农民创造更多的就业机会"。"十一五"规划也提出，要"支持县域经济发展，重点劳动密集型产业和就业能力大的阅读材料，加强县域经济"。这充分说明县域经济的发展受到党中央高度重视。

一、全国县域经济状况

　　县域经济发展在我国国民经济发展中占据重要地位。根据《2018 年民政事业发展统计公报》，截至 2018 年底，县级行政区划单位 2 851 个，其中市辖区

970 个、县级市 375 个、县 1 335 个、自治县 117 个（民政部，2019）①。县域经济繁荣不仅在于县域覆盖范围广，更在于其增速快、有潜力等特点。根据 2018 年 12 月公布的《中国县域经济发展报告（2018）》研究发现，2017 年县域经济增速总体呈现回升态势。2017 年县域经济平均增速较之全国有更大幅度回升，400 样本县（市）地区生产总值同比实际增速较上年回升 0.86 个百分点，超过全国 0.2 个百分点的回升幅度（吕凤勇、邹琳华，2018）②。消费方面，社会消费品零售总额平均增速较上年有所回落，但西部地区样本县（市）略有回升。投资方面，固定资产投资平均增速较上年明显回升。总体而言，县域经济保持稳中有升态势，未来应当充分重视乡村发展的城乡发展战略，对过去城乡统筹发展思路和"三农"工作进行再调整和再升华，帮助县域经济发展迈上新台阶。

二、全国县域经济平均规模

县域经济作为我国经济发展的主要贡献力量，在全国以及各省市的经济发展中扮演者非常重要的角色。在各省域经济中，县域经济往往占有较大比重。对湖北省而言，2017 年县域经济规模又实现了新的跨越。2017 年湖北省县域经济总量首次跨越 2 万亿元，生产总值达到 22 059.9 亿元，比 2016 年增长 7.7%。同时，湖北省县域经济体现出稳固的支撑作用，县域 GDP 占全省 60.4%，连续三年占比保持在 60% 以上，为湖北省地区生产总值贡献了主要力量。此外，GDP 过 500 亿元的县市区由 10 个增至 13 个；大冶、宜都、枣阳、仙桃进入"全国百强县"（凤凰网湖北综合，2018）③。按照湖北省既有思路，未来湖北省将贯彻特色振兴县域战略，发展更多县域特色项目，保证湖北省县域经济快速、健康发展。

三、县域经济发展的难题

目前，我国县域经济的发展结构正在发生转变，第一产业占比逐步下降，

---

①　民政部：《2018 年民政事业发展统计公报》，http：//www.mca.gov.cn/article/sj/tjgb/，2019（8）。
②　吕凤勇、邹琳华主编：《中国县域经济发展报告（2018）》，中国社会科学出版社，2018 年版。
③　凤凰网湖北综合，《湖北 2017 年县域经济成绩单：县域 GDP 占全省 60.4%》，http：//hb.ifeng.com/a/20180627/6683266_0.shtml，2018（6）。

第二产业占比上升，农业发展逐步向科技化方向迈进。在发展方向转变的过程中，我们不能仅看到县域经济快速发展的辉煌成就，也应看到发展过程中出现的问题与矛盾。直观来说，通常县域地区存在经济资源总量有限，区位条件不够优质，产业发展结构不优等问题，从而导致县域经济发展水平不高、缺少特色、缺乏竞争力，在一定程度上制约了县域经济的快速、健康发展。目前，在经济新常态背景下，县域经济发展面临的难题主要表现在如下方面。

1. 县域经济面临转型升级的难题

根据产业发展的特点以及产业发展对县域经济的影响，可将县域经济的发展历程分为四个主要阶段。第一阶段是 1978～1992 年，县域经济相对供给短缺，生产资料成本较为低廉；第二阶段是 1992～2002 年，县域经济逐步发展，进入市场扩张时代；第三阶段是 2002～2008 年，县域经济发展进入新的高度，投资驱动成为县域经济新的增长点；第四阶段是 2009 年至今，县域经济出现产能过剩的现象，如何转型升级成为发展县域经济的关键。在当前阶段，县域经济面临的最大问题是如何解决过剩产能、顺利实现产业转型，需要一批县域带头转型，并引领我国县域经济的发展。最先实现产业转型的县域可能是拥有区位优势、要素成本优势或体制优势的县市，如距离大城市较近、流动人口较多、教育资源丰富的县市等。

2. 房地产去库存的压力较大

近几年房地产去库存成为推动县域经济发展的重要课题。县域房地产去库存的问题主要存在于几个方面：第一，具有区位优势的县域地区房地产去库存能力较强，实现房地产去库存的源头在于减少供应；第二，处于区位劣势的县域去库存难度相对较大，应当控制以房地产开发推动县域经济发展的短视行为；第三，县域政府可能通过把控房地产价格周期，以实现县域房地产去库存的目标，但价格周期仅在短期有利于去库存，长期来看将对去库存产生抑制作用。

3. 县域经济体之间发展不均衡

当前，各县域经济体之间由于资源状况不对等，存在较为明显的发展不均衡的状况。以地理位置为例，不同区位县域经济体之间的发展差异较大，主要表现在大城市周边的县域经济发展明显快于其他地区。区位差异导致的经济发展差异实际上反映了大城市周边资源供给相对丰富，大城市周边县域优质资源可接触度较高。虽然这种区位差异存在一定的合理性，但不同地区县域发展不均衡的现象仍然突出，处于区位劣势的县域实现经济增长存在一定的资源障碍，区位间不公平现象显著。因而，我国目前的县域经济发展现状为，发展较快、综合实力明显增强的县域经济与发展较慢、综合实力相对薄弱的县域同时存在。

4. 政府债务抑制县域经济发展

政府债务如何影响地方经济增长是备受关注的热点话题。就目前的研究结果而言，适当的政府债务能够促进地方经济的发展，而超过该拐点后政府债务的增长将对地方经济发展起到抑制作用。部分地方政府为促进经济发展，举借大量资金进行市政建设，导致政府背负债务数额较大，地方政府债务风险大大提高。地方政府债务规模的快速膨胀一方面由于"杠杆效应"的减弱对经济的刺激作用不再明显，另一方面也面临沉重的还本付息压力，增加了债务违约风险。

目前，我国经济已经进入新常态，经济发展速度逐步由高速发展向中高速发展方向过渡。县域经济作为我国经济发展的重要支柱，实现我国经济发展速度的转变必须注重县域经济发展质量。县域经济发展经济应当利用当地独特的自然资源，充分发挥当地临近大城市的区位优势和资源优势，应当积极实施产业转移。首先，在产业转移过程中，县域应当根据自身特点，评估产业转移与当地县域经济的融合度，确保产业转移能够带来持续内生动力。应当鼓励县域推动本区域劳务输出，有效缓解本区域人员就业压力，培养创业人才，健康推动区域经济健康发展。其次，还应进一步规范本区域发展支持政策，确保政策的合理性、时效性和全面性，确保优惠性政策不变为歧视性政策。通过实施产业转移，使县域不断改善经济与营商环境，不断缩小与大城市、发达地区的经济差异。

实现县域经济的健康、稳定发展是保障我国经济健康、稳定发展的关键。推动县域经济发展，应当充分结合县域当地特点，把握经济发展规律，正视发展难题，在发展方式上实现创新和突破，及时巩固发展成果，实现县域经济又好又快发展。

第二节　国外县域经济发展现状

西方国家的县多数被称为"郡"，一般是国家的二级行政和经济区域。但

"郡"只承担本区域的社会管理职能，经济管理职能则有比"郡"更大一点的行政区域来承担。因而在国外，县域经济是区域经济的一种形式。一般来说，区域经济学可以作为一门建立在经济地理学基础之上的应用经济学去研究，即研究自然资源、地理环境等因素对人类经济活动的影响。典型的国外县域经济发展模式有德国模式、美国模式和韩国模式。

一、德国模式

目前，德国共有 16 个州，其中较大的 8 个州划分了具体行政区，剩下的 8 个州和所有的行政区下又划分为县，共计划分为 237 个县。德国政府在县级管理方面主要具有如下特点。

1. 政府的服务意识较强

德国的县不仅是行政单位，也是公民实施自治管理的基础。因此，德国的基础设施建设优先级较高，社会服务和公益事业较为健全，居民幸福感强。为居民提供优质的基础设施服务是德国政府的主要职能，包括且不限于社会福利、公共救济、环境保护等方面。在县域管理过程中，政府还积极进行村镇规划，充分考虑村镇自然气息浓厚的特点，建设具有乡村特色的村镇。

2. 着力帮助小微企业发展

小微企业发展是德国经济的重要增长点，扶持中小型企业、小微企业发展对经济发展的帮助巨大。德国政府主要通过执行《反不正当竞争法》和《反对限制竞争法》来维护小微企业的权益和利益，保护小微企业苗壮成长。具体而言，政府对雇主雇佣短工的行为提供补助，短工工资约 60% 的部分将由政府承担。同时，在社会保障费方面，企业仅负担雇员前 6 个月社会保障费的 50%，其余部分均由政府负担。

3. 完善农村金融服务体系和农村金融风险控制体系

在德国，专门从事某方面服务的专业银行在农村金融中起到了重要作用。由于专业银行具有特殊性和针对性，专业银行成为农村贷款的主要来源。专业银行的作用不仅仅在于提供农村贷款，更在于调节农业产业结构，促进农业经济健康发展。由于专业银行提供资金的用途涉及种植养殖业、农产品加工、房屋建设等各方面，专业银行通过合理的资金配置，可以实现对细分产业的鼓励或限制，对农业产业结构调整起到了导向性作用。受历史原因影响，农村地区一直缺少合适的抵押物，农村金融风险等级较高。德国政府通过如下方法为农村金融提供信贷担保：一是由政府提供大量农业补贴作为担保资金；二是农民申请贷款时，可将土地作为担保物；三是由政府提供农村贷款利息补贴，并重点补偿环保类农业项目。上述一系列政策有效控制了农村金融风险，保障了金融资金进入农村。

二、美国模式

在美国的行政层级中，只包括联邦、州、市镇三个等级，并不存在对县的划分，因而在美国，县只作为地理概念进行理解。在美国的 50 个州中，48 个州实行县级建制，共设 3 050 个县。县并不属于行政层级中的一员，只作为司法单位和选举单位，因而并不存在县政府，办理县内事务均需在市一级行政机构进行办理。

1. 高效的政府管理模式

美国在县域管理上的特点突出为高度自治，美国宪法未对市镇一级政府组织进行立法。因此，美国市镇不论大小，都可以行使自治权，自主采用适合自身的县域管辖方式。自治管理方式要求地方政府作出的决策必须得到公民认可，对决策的科学性要求较高，因而其优势在于充分体现了民主性。其缺点在于，决策需要照顾各方利益，因而做出决策的时间较长，决策时效性相对较低。

2. 制定科学合理的城镇规划

与德国类似，在城镇管理过程中，美国同样十分重视社会公共基础设施和公共服务的质量，以改善民生、提升居民幸福感为第一目标，特别是重视农村基础设施和较小城市的社会服务。例如，位置相对偏远的小城市多与农村接壤，政府就因地制宜，鼓励其发展农副产品加工业务，同时更加重视小城市的交通运输等配套服务。此外，美国政府进行市镇规划时，非常注重规划的长远性。例如，在发展程度较低的小城镇，对其交通道路、排污管道等公告基础设施的建设具有预见性，从短期来看增加了市政设施投资成本，但从长期看不仅在经济上收益更大，减少了翻修改造带来的损失，更帮助小城镇获得健康发展的良好环境。

三、韩国模式

在韩国，农村是县域的主要构成部分，因此在县域经济发展过程中，韩国以建设乡村作为主要目标，在农村建设过程中注重现代农业的发展，谓之"新村运动"。新村运动涉及政治、经济、文化等各方面，成效十分显著，农民收入水平明显提高，民生得到大幅度改善。由于韩国社会环境与我国相似，对我国而言，韩国的县域发展经验具有较大的参考价值。

1. 提倡"勤勉、自助、合作"的精神

在推动县域经济发展过程中，韩国政府提出"勤勉、自助、合作"的理念。"勤勉"旨在鼓励农民勤奋劳作，激发农民的劳动积极性；"自助、合作"要求在农民中选出领导者，以互相带动、互相帮助的方式共同奋进。在新村运动中，政府仅作为"赞助商"的角色，为农业生产发展提供低于商业贷款利率的资金支持，以及推动农业朝产业化方向发展的政策支持，在具体的项目选择上并不作干预，农民具有很大的项目自主选择权。

2. 建立新村建设考核制度

韩国政府对新村建设的成效考核制度较为健全，考核方式主要是建立完善的公务员责任制，强化公务员岗位职责。政府对于各级公务员岗位责任有着明确的要求：面、邑（村镇）和市、郡（市县）两级公务员每人至少帮扶 4 个村；道（省）一级课长和局长要负责一个郡；中央内务部课长和局长要负责一个道。

政府针对公务员业绩建立了明确的奖惩制度。负责村一级帮扶的公务员，业绩优秀者可提拔等级，业绩较差者则调往偏远地区。良好的公务员责任制对于促进农村经济发展起到了至关重要的作用。

3. 调动社会各界力量实施新村建设工程

韩国新村运动的执行者不仅包括一线新村建设指导者，也包括其他社会力量，如名流、企业高管。社会力量参与新村建设的意义在于，不仅可以为建设提供资金支持和方向指导，推动乡村建设发展，更让新村运动深入人心，成为韩国国民的精神运动。具体地，企业与农村间推行"一厂一村"运动，即位居城市的公司企业自愿与乡村建立帮扶关系，开展有针对性的帮扶。"一厂一村"运动涉及范围广，影响力大，调动了全社会的支农热情，是推动乡村发展的重要抓手。

4. 成立各种农业合作经济组织

根据组织者的不同，韩国的农业合作经济组织可分为三类。一是自治组织—农村建设委员会，该委员会是由村民代表自行组建，其自治的特点体现在委员会可决定区域内重要事项，并跟踪决议的执行情况。二是农业协同组合组织，主要包括三项职能：（1）帮助实施政府的农业支持政策，并实现对农业产业结构的升级；（2）为尚未形成组织的分散农民提供服务，在供产销产业链上给予分散农民需要的帮助；（3）在农业政策的制定过程中参与并提出意见，以充分保障农民的合法权益。三是农作班组织，这类组织通常是由数十户农民联合组建的产销组合，政府对于此类农作班组织给予必要的资金支持，同时农业协同组合组织为其提供供应链技术支持。农业合作经济组织是韩国进行县域管理的一大特色，在乡村发展中起到了关键作用。

由于各国国情不同，我国可选择性地借鉴发达国家县域经济的发展经验，提高政府的服务意识，完善农村金融体系，防控农村金融风险，积极推进县域经济又好又快发展。

第三节　××PPP 项目概要

一、项目背景

××PPP 项目（以下简称"本项目"）地处 B 市××县。B 市，为 A 省地级市，是该地区重要交通枢纽城市，地理位置优越，是长江中游城市群的重要城市之一。设施方面，B 市拥有多项国家重要战略设施，水电设施为 B 市经济发展贡献了巨大力量。

××县隶属于 A 省 B 市，拥有非常优质的区位条件，长江横贯县区长度 64 千米，是长江上游流域的核心区位之一。在地理环境方面，整个县区呈现西南高东北低的地势，属于典型的长江三峡山地地貌，受长江水系影响，平地较少，河谷、梯田较多。自然资源方面，××县水资源较为丰富，县内以长江为主干，形成了"蜈蚣"状共 8 条水系。为充分利用县内水资源，××县已开发建设水电站 100 余座，总装机容量 9 万千瓦。总之，××县作为 B 市的重要一员，凭借其自然资源和人文资源优势，在 B 市的发展中占有重要地位。

从前，××县长江两岸交通一直依赖于汽渡，汽渡不仅运输效率低，还需要支付工作人员、油料、维护等费用，相对成本较高。××项目建成通车后，将彻底改变这一现状，县区南北两岸过江交通效率将得到显著提升，将有效解决过江难、过河难、行路难、运输难等问题，有效保障周边居民正常的生产生活需求。此外，本项目也使 A 省西部城市交通更加便利。

本项目的意义不仅在于便利了城市交通，更在于其成为联系核心景区间的重要交通路段。目前，辖区内缺乏对各景点的整体规划协调，景点间关联性不强，相互的合作交流十分有限。项目的贯通有助于实现著名旅游景区间的互通，有助于形成一体化旅游圈模式，进一步发展旅游产业，提高 A 省旅游项目的竞争力，带动县区及整个 A 省旅游经济的发展。

二、项目融资模式

本项目资本金为总投资额的 48%，其中合作人出资 1 亿元，获得整个项目施工总承包，并负责项目的后期运营管理；政府补贴 9 亿元（占股不分红），其余建设资金由项目公司通过银行贷款方式筹集，贷款利息率按 6.55% 计算。

三、项目工程概况

××工程是拟建的 A 省骨架公路网中第六纵的第二条支线跨越长江的节点

工程，是 A 省公路网中兴山至五峰支线的重要组成部分。本项目起点为××县 C 镇，终点为 C 镇××河西岸。项目路线全长 5.4 千米，其中跨长江长度约 0.8 千米，跨××河长度约 1 千米。项目设计机动车时速为 60 千米/小时，采用双向四车道设计，桥梁宽度为 23 米。

在桥梁的实际建设过程中，将充分运用智慧桥梁的理念。智慧桥梁是一种融合了实况监测、信息采集、数据分析、数据管理和运筹优化等现代技术的桥梁管理模式。它将工程技术、计算机手段、管理科学、数理统计和数学理论应用于桥梁的设计、建造和运行管理不同阶段，以实现桥梁全寿命周期的安全与效益最大化。具体而言，在桥梁建设中，通过建设期的施工控制和运营期的健康观测，充分结合传统技术和智能技术、现场控制和远程控制，实现项目建设运营全寿命周期质量信息处理、判别、预测、科学决策支持的智能化，提升桥梁质量数据采集、处理效率和准确度。

第九章
PPP模式案例分析

——××PPP项目建设财务分析

本章从财务、审计、会计和税务等四个方面分析××PPP项目。

第一节　PPP 项目与财务的关联性研究

××PPP项目与财务的关联性主要体现为对 PPP 项目进行财务风险管理。因此，现结合××项目，从财务风险识别、财务风险评估和财务风险控制三方面进行具体分析。通常，财务风险包括筹资风险、投资风险和收益分配风险三方面。《××PPP 模式初步方案》（2015）指出，若新建通过本项目的高速公路，本项目被整体收购的款项总额扣除上述费用后的收益，由甲乙双方按照5∶5的比例分成；若收费年限到期，收费收入不足以偿还乙方的出资额及其财务费用以及因担保责任承担的费用，甲方承诺以其境内的 5 000 亩林地的开发及收益权作为对乙方的补偿，因此，此项目的收益分配风险较小。故该项目财务风险识别、评估和控制在此仅分析筹资风险和投资风险两方面。

一、PPP 项目的财务风险识别及评估

1. 筹资风险识别

××PPP项目的筹资风险主要体现为补偿风险和资金风险两方面。

（1）补偿风险识别。

本项目涉及××县政府承诺给予的现金补贴 10 亿元，其中 9 亿元作为建设期资本金，1 亿元在运营期前 5 年逐年到位。政府承诺的 9 亿元资本金中，1 亿元××县自筹，6 亿元三峡后续工程补助和 2 亿元交通运输部补助均在申请中，尚未落实。其中，根据国家发展改革委对项目报告的批复，该项目后续工程专项补助应可落实 2.5 亿元，另外 3.5 亿元是××县政府正在申请追加的额度，能否落实不确定因素较大。因此，本项目存在较高的补偿风险。

（2）资金风险识别。

资金风险一般包括融资风险、利率风险和汇率风险三方面，由于此项目属于中国境内PPP投资项目，因此，资金风险体现为融资风险和利率风险。由于本项目通道功能显著，预期收益好，项目公司融资风险较小。由于比项目的资金筹措方式是由自有资金和国内银行贷款两部分组成，因此，存在一定的利率风险。而贷款一般是浮动利率，一旦利率上升，项目生产运营成本就会攀升，从而导致净收益减少。经研究过去的两个利率周期2007年9月15日~2008年12月23日（波峰至波谷）、2008年12月23日~2011年7月7日（波谷到波峰），利率加权平均值为6.69%。目前利率为6.55%（2012年7月6日调整），综合来看，本项目建设期和营运期存在利率上调的风险。因此，此项目的资金风险主要表现为利率风险。

2. 投资风险识别

本项目包含××项目主桥梁（采用主跨498米中承式钢箱桁架拱方案）和××河大桥主桥（采用主跨470米双塔混合梁斜拉桥方案），均为特大跨径特殊结构桥梁。结合当前国内外建桥技术水平，其设计、施工技术成熟、质量可控，不存在难以企及的前沿性技术难题，其规模与难度远小于国内诸多著名的成功项目，因此，本项目的技术风险并不大，××PPP项目的投资风险主要体现为市场风险和政策风险两方面。

（1）市场风险识别。

公路项目的市场风险一般体现为新增竞争性项目出现的风险、通道建设及交通量波动风险。从过江交通来看，本项目交通量预测时已考虑了沪蓉高速公路全线贯通等影响因素，且本项上下游50千米范围内不具有再建设其他过江通道的合理位置。因此，本项目影响区域内新增竞争性过江公路项目的风险不大。从公路通道方面来看，A省高速公路网规划中，A省西部地区南北向新增路网仅有××高速，××高速与本项目东西间隔约为40千米，且功能定位与本项目不同，两者间竞争较弱，因此，通道建设风险不大。交通量是影响收费收入的最主要风险。项目实际承担的交通量低于研究中的预测值，项目将不能产生预期的现金流量以支付经营费用、创造利润和偿还融资本息，造成财务风险。反之，交通量规模高于评估预期，则收费收入会增加，从而增加项目盈利能力，因此，交通量波动对于项目收益影响较大。综合来看，市场风险主要体现为交通量波动风险。

（2）政策风险识别。

××县人民政府拟按照一类小客车××大桥15元/车次+××河大桥5元/车次的标准报批。已经通车的宜昌大桥现行收费一类小客车15元/车次，××河大桥5元/车次是否能够获批存在一定风险，且作为政府还贷项目，低于20元/车次后对公司亏损补差也不一定符合相关政策。因此，此项目存在一定程度的政策风险。

二、PPP 项目的财务风险评估

1. 项目财务测算

本项目研究基年为2014年，项目性质为政府收费还贷项目，收费主体为项目公司，特许期为24年（其中项目建设期4年，营运期20年）。如果需要，××县政府将协助合作人在项目收费期达到2/3期之前，通过转让收费权申请延长收费5年。故分别按照运营期20年和25年进行效益评估，确定研究年限为2019~2043年。根据相关批复文件，概算总额为209 857.1869万元，平均每公里造价为373 261万元。

在筹资方面，为保证项目拥有债务清偿能力，项目资本金共计10亿元，自有资金所占比例按项目总投资额的48%，其结构包括：合作人出资1亿元，获得整个项目施工总承包，并负责项目的后期运营管理；政府补贴9亿元，占股不分红。其余建设资金由项目公司通过银行贷款方式筹资，贷款利率按当前长期贷款利率6.55%计算，资本金以外的融资贷款为10.72亿元。另外，政府在运营期补贴1亿元，资金在运营期前5年每年到位2 000万元。因此，融资结构为政府9亿元，社会资本12亿元（其中11亿元贷款由合作人担保）。在收入方面，高速公路项目的营业收入包含车辆通行费收入、附属设施（如服务区、广告牌等）营业收入，根据本项目特点，附属设施营业收入占营业收入的比重很小，故营业收入只计通行费收入，忽略其他收入。在建设期费用方面，本项目工期为4年，资本金投入比例约占总投资48%，高速拆迁补偿费及建设期贷款利息后，投资概算总金额为20.7201亿元，平均每公里造价36 888万元。在运营期费用方面，主要体现为日常养护费用 35 万元/公里，运营管理费用 150 万元/年；短隧道 0.02 万元/延米、中隧道 0.04 万元/延米、长隧道运营费用 0.08 万元/延米和特长隧道 0.12 万元/延米的隧道运营费以及大中修工程（此项目 5 年一次中修，10 年一次大修）费用。

2. **项目财务风险评估**

根据已知数据分析得出，该项目财务投资内部收益率为 6.57%，财务净现值 9 477 万元（按 6% 的贴现率），动态投资回收期 17.6 年；资产负债率 0.91，速动比率 11%，现金流覆盖率 1.5∶1，效益费用比 1.05。对××县政府需投入的不足部分予以补助。目前除了三峡后续规划的 6 亿元外，××县还需另外筹措 4 亿元，这是××县无法完成的艰巨任务。为确保××项目早日建成造福库区人民，还需申报财政部门解决××县政府投入缺口资金 4 亿元。因此，本项目的财务风险更为主要体现为补偿能否到位以及能否顺利变现的风险（补偿风险）和收费标准下降的风险（政策风险）两类。

三、PPP 项目的财务风险控制

1. **筹资风险控制**

××PPP 项目筹资风险主要体现为补偿风险和资金风险（即利率风险）两方面，其中补偿风险尤为突出。建设期现金补贴是否能够按照约定及时到位，直接关系到项目的开工及施工进度，项目工期的拖延进而可能导致项目成本失控，最终导致项目投资失败。因此，针对补偿风险，建议将未按时履约的处理方法在融资合同签订时予以注明。

2. **投资风险控制**

在项目识别阶段，社会投资应在项目决策之前对该项目相关信息充分认识，并聘请相关专业人员对该项目的可行性进行分析，预测项目的投资成本和预期收益，分析项目存在的潜在风险。根据上述分析，××PPP 项目投资风险主要体现为市场风险（交通量波动风险）和政策风险（收费标准下降）两方面，其中政策风险更为突出。因此，针对政策风险，建议收费标准在项目投资协议中予以明确，并制定收费标准变动时的政府补偿机制。

第二节　PPP 项目与审计的关联性研究

××项目是 A 省落实 PPP 项目的运作实例。由于 PPP 模式项目建设周期长且审计规模庞大，PPP 项目不可被分解审计，因此，将跟踪审计运用于 PPP 模式项目建设已成为政府投资建设项目审计中最为主要的审计方式（严晓健，2014）。此项目的动作方式是 B 市××县政府拥有××项目的所有权，将××项目的建设、设计、融资、建造、运营、维护和用户服务职责全部交给政府主体与社会资本共同组建的××项目建设管理有限公司。项目结束后，××项目建设管理有限公司将项目资产及相关权利等移交给 B 市××县政府，即采用 BOT模式运作。对此，从审计目标及依据、流程及内容和风险及控制三方面进行具体阐述，以对跟踪审计工作在 PPP 实务中的运用提供借鉴意义。

一、项目跟踪审计目标及依据

1. 审计目标

××项目跟踪审计目标是指审计机关在××项目建设进度过程中，依据相关法律法规，对 B 市××县政府投资建设项目的合规性、真实性、经济性、效率性和效果性进行评估的监督行为，以实现"互联网＋智慧桥梁"为主题的大数据一体化建管养全寿命周期质量安全保障方略。

其中，合规性是指项目是否按照相关法律法规进行开展；真实性是指项目是否符合 PPP 模式标准以及相关的费用及收入是否真实发生；经济性是指项目支出是否节约；效率性是指项目是否能实现"以小博大"效应；效果性是指项目实施后是否达到预期效果，发挥"互联网＋智慧桥梁"作用。

2. 审计依据

××项目跟踪审计工作的总体开展应遵循《中华人民共和国审计法》，除此之外，在审计内容方面，还应遵循《中华人民共和国公路法》《收费公路管理条例》《公路工程技术标准》（JTGB01—2003）、交通部颁布的《收费公路车辆通行费车型分类》标准、财政部和交通部 1997 年联合制定的《高速公路公司财务管理办法》、国家发展和改革委员会和建设部联合下发的《建设项目经济评价方法与参数》（第三版，以下简称《方法与参数》）《A 省高速公路养护工程预算定额》《A 省公路养护工程预算编制方法》、中国人民银行评估基准日公布的银行利率表、国债利率表和贷款利率表以及国家现行的财税制度。

二、项目跟踪审计流程及内容

1. 审计流程

PPP 项目跟踪审计流程与传统模式下的政府投资建设项目跟踪审计流程没有本质上的差别。因此，审计机构接受××市××县政府委托后，按照××市××县政府监督管理的要求成立项目组，编制工作实施方案，制定审计计划，安排项目组开展全过程跟踪审计工作。通常审计机构按照××项目特点选派项目负责人、技术负责人和审计人员组成项目组，按照工程和财务并举的审计思路开展审计现场工作、现场工作过程中工程师（造价工程师、咨询工程师）和会计师（注册会计师、注册资产评估师）的相互核对、验证工作；按照审计计划项目组分次、分阶段进驻项目现场开展审计工作，进驻时点通常具有一定要求和程序，确保审计机构掌握××项目建设管理情况，具体审计工作流程如图 9-1 所示。

2. 审计内容

××项目属于 PPP 项目，对此，依据财政部 113 号文件对 PPP 项目的"519"流程，现将××项目跟踪审计内容按照 PPP 项目的全生命周期进行划分，包括项目成立阶段审计、项目建设阶段审计、项目运营阶段审计和项目移交阶段审计四部分。

（1）项目成立阶段审计。

××项目成立阶段审计主要围绕项目立项的可行性、投资方向，监督各部门是否作出科学决策，是否严格遵循"两评"机制以保障地方财政平稳运行；针对 BOT 业务模式下的合作方选择，审计人员应对其进行审计方式和审计程序的合理确定，审核项目公司（××项目建设管理有限公司）的设计及组织结构

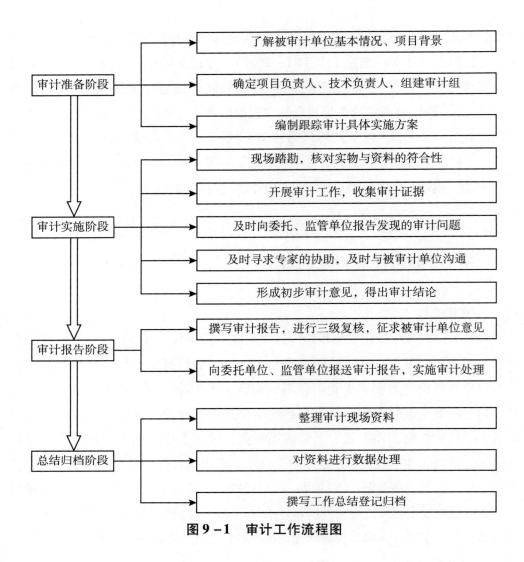

图 9 - 1　审计工作流程图

情况；审核 PPP 项目合同体系的完整性及合规性；审查 PPP 合同的权利与义务是否对等以及风险分担机制、收益共享机制、项目退出机制内容是否完整和公平；从招标勘探单位、招标设计单位和招标施工单位视角对 ×× 项目进行招投标审计以及设计方案审计；此外，在充分考虑市场宏观调控的材料价格体系下开展概算审计，重点关注投资预算是否合理，审核 PPP 模式下政府投资建设项目是否实现经济效益稳定产出。

（2）项目建设阶段审计。

×× 项目建设阶段审计主要审核 ×× 项目的建设程序及基本建设管理制度执行情况，审核建设单位内部管理制度的制订和执行情况，核实工程质量控制和批复工期执行情况以及对施工相关合同发行情况进行复核，审核建设单位是否存在分包和转包等一些不合规行为、监督合同管理是否有效以及风险分配是否科学合理。PPP项目资金来源于政府和社会资本两个方面，这两方面共同构成了项目建设的资本金，因此，要对××项目所涉及的募集资金的到位情况和工程专项资金的流向进行审查，以对××项目建设过程中的资金安全问题进行有效把握，防止项目建设和运营过程中舞弊行为的发生。除此之外，还需对××项目建设阶段所发生的成本费用依据财政部颁布的《企业会计准则第2号解释》中有关BOT事项进行核算审计。

（3）项目运营阶段审计。

PPP项目运营期，成本核算应该成为审计的重点。社会资本为了追求利益的最大化，可能会有提高收费价格、做大投资成本和多占经营资源等行为，其中做大投资成本的冲动最为强烈。因此，对××项目所涉及的募集资金的到位情况和工程专项资金的流向进行审查，并依据财政部颁布的《企业会计准则第2号解释》中有关BOT事项对其运营阶段所产生的通行费收入、日常养护费用、运营管理费用、隧道运营费、大中修工程（此项目5年一次中修，10年一次大修）费用及税费的真实性及准确性进行核实；审核费用开支的报销流程是否符合财务规范，对PPP项目运营过程中的资金安全问题进行有效把握，核查运营阶段的资金的管理及使用情况。

（4）项目移交阶段审计。

PPP项目移交阶段审计重点监督社会资本是否把满足性能要求的项目资产、知识产权和技术法律文件完整移交给××市××县政府并办妥法律过户和管理权移交手续；通过审计监督，积极关注PPP等民间资本参与市政公用项目运作流程、规模和绩效，以对项目的投资效益做出充分评价并对项目成本及收益进行合理测量。除此之外，对施工单位的内控制度进行审计，检查工程签证流程、工程验收流程是否有完善的管理制度，审核监管项目建设的质量安全。

三、项目跟踪审计风险及控制

1. 补偿风险及审计控制

根据前面分析，政府承诺出资的9亿元资本金中，1亿元××县自筹，6亿元三峡后续工程补助和 2 亿元交通运输部补助均在申请中，均未落实从而存在不确定性。而根据国家发展改革委的相关批复可知，3.5 亿元能否落实存在较大的不确定性。因此，针对补偿风险，审计工作需重点审查××项目是否将未按时履约的处理方法在融资合同签订时予以注明。

2. **资金风险及审计控制**

由前面可知，采用浮动利率的贷款项目，如果利率上调，则项目生产运营成本将增加，净收益减少。本项目建设期和营运期主要存在利率上调的风险。因此，此项目的资金风险主要表现为利率风险。针对利率风险，重点审查××项目是否将利率波动事项在融资合同签订时予以明确规定。

3. **市场风险及审计控制**

由前面分析可知，本项目影响区域内新增竞争性过江公路项目的可能性不大，通道建设的风险也不大。最主要的风险在于交通量波动对本项目收益有很大影响。因此综合来看，市场风险主要体现为交通量波动风险，从而审计工作应重点审查××项目投资协议中是否将由于交通量所带来的波动风险予以明确。

4. **政策风险及审计控制**

由前面分析可知，××项目 5 元/车次能否获得政府有关部门的批准存在一定的风险。此外，作为政府还贷项目，低于 20 元/车次后对公司亏损补差也不一定符合相关政策。因此，针对政策风险，重点审查××项目投资协议中是否将收费标准予以明确，审查是否存在收费标准变动时的政府补偿机制。

第三节　PPP 项目与会计的关联性研究

一、会计核算目标及依据

1. 会计核算目标

××项目公司主体的会计核算目标至少应包含对内及对外两个方面。对会计信息外部使用者而言，会计核算应当向投资者、债权人、政府及其有关部门和社会公众等外部会计信息使用者提供项目相关的财务状况、经营成果、现金流量等会计信息，以反映该项目的实际运作情况及项目公司的受托责任履行情况。

2. 会计核算依据

××项目运作过程中，政府会计主体的核算工作缺少涉及 PPP 模式具体核算方法的条款，其核算工作的基本原则应当遵循《政府会计准则—基本准则》中的相关规定。项目公司的会计核算工作除应当在宏观上遵循《中华人民共和国会计法》《企业财务会计报告条例》外，还需根据《企业会计准则》中的具体规定开展具体的会计核算工作，其建造和运营过程主要涉及《企业会计准则第 14 号——收入》等具体准则，特别是《企业会计准则解释第 2 号》中有关采用建设经营移交方式（BOT）参与公共基础设施建设业务的相关规定。会计核算涉及按 PPP 运作流程进行阶段划分时，应当参照《政府和社会资本合作模式操作指南（试行）》对项目阶段的具体规定及各阶段的权利义务进行会计核算。

二、项目全生命周期会计核算内容

1. 项目公司成立阶段

项目公司成立阶段包括项目识别、准备、采购等内容，直至确定合作方后成立项目公司的阶段。该阶段涉及会计核算工作的内容主要是项目公司成立环节。

在项目公司成立方面，双方特许经营权合同中对项目公司出资事宜作出如下规定（其中甲方代指××县人民政府，乙方代指社会资本××项目建设开发有限公司）："××项目采用 PPP 方式建设，总投资估算为 20.98 亿元，项目资本金不少于项目总投资的 25%。乙方成交后，甲方或甲方授权委托的公司（甲方股东的权利和义务由甲方授权委托的公司行使，以下统称"甲方"）出资 10 亿元（其中 0.25 亿元作为项目公司注册资本，8.75 亿元为建设期投资补助，1 亿元为营运期投资补助）、乙方出资 1 亿元作为项目公司注册资本，并负责差额建设资金的筹措。建设期内甲乙双方应在确保项目建设进度的前提下保证注册资本和建设投资分期足额到位。"

上述合同中规定，该项目采用政府和社会资本共同出资的方式成立项目公司，其中政府出资 0.25 亿，社会资本出资 1 亿，政府出资额占 20%，社会资本出资额占 80%，以社会资本作为主要风险承担方。同时，为提高社会资本参与该项目的积极性，保证社会资本在 ×× 项目中具有一定的盈利空间，政府在项目成立阶段即出资为项目建设及运营阶段提供相应补助。其中，建设阶段项目公司盈利较少，补助力度较大，补助金额 8.75 亿元；运营阶段项目公司可按不低于 20 元/标准车次的收费标准对过往车辆进行收费，项目公司具备一定的盈利能力，政府为此提供适当补助，补助金额 1 亿元。

根据上述分析，应当对上述经济交易与事项作相应会计处理，具体会计处理方法如表 9 - 1 所示。

表 9 - 1   项目公司成立阶段账务处理

经济交易与事项	会计主体	会计分录（单位：亿元）
出资成立项目公司	项目公司	借：银行存款——政府 0.25 ——合作人 1 贷：实收资本 1.25
	政府	借：长期股权投资——成本 0.25 贷：银行存款 0.25
出资提供投资补助	项目公司	借：银行存款 9.75 贷：递延收益 9.75
	政府	借：投资支出 9.75 贷：银行存款 9.75

2. 项目建设阶段

项目建设阶段的会计处理与项目公司的建设过程密切相关。项目建设阶段，项目公司现金流多为支出项目，即按照预算进行工程材料采购及支付相关费用，主要包括路基、路面、桥梁、涵洞、隧道的工程设备及材料支出，以及安全生产费、保险费、施工环保费、施工设施建设费用等，项目相关部分支出内容列举如表 9 - 2 所示。

表 9 - 2 　　　　　　　　　×× 项目相关部分费用支出

目	节	工程或费用名称	数量	预算金额（单位：元）
100		总则		99 653 254
101 - 1		保险费		3 555 241
	- a	按合同条款规定，提供建筑工程一切险	1.000	3 531 241
	- b	按合同条款规定，提供第三者责任险	1.000	24 000
102 - 1		竣工文件	1.000	1 000 000
102 - 2		施工环保费	1.000	8 000 000
102 - 3		安全生产费（最高投标限价的2%）	1.000	32 142 891
102 - 4		工程管理软件	1.000	1 100 000
103 - 1		施工道路修建、养护与拆除（包括原道路的养护费）		21 168 602
	- a	新建便道（包含便道、便桥、栈桥、码头等）	1.000	17 038 602
	- b	进场道路的养护	1.000	1 900 000
	- c	道路恢复	1.000	2 230 000
103 - 2		临时工程用地	1.000	3 025 592
103 - 3		临时供电设施架设、维修与拆除	1.000	12 064 920
103 - 4		电讯设施的提供、维修与拆除	1.000	37 573
103 - 5		供水与排污设施	1.000	1 031 358
104 - 1		承包人驻地建设		16 527 077
	- a	标准化驻地建设	1.000	2 515 012
	- b	标准化工地试验室建设	1.000	1 990 521
	- c	标准化拌和站建设	1.000	2 991 660
	- d	标准化钢筋加工场建设	1.000	2 050 897
	- e	标准化预制梁（板）场建设	1.000	4 976 303
	- f	材料仓储等其他标准化场地建设	1.000	2 002 685
200		路基		119 413 476
300		路面		26 728 712
400		桥梁、涵洞		1 116 456 318
500		隧道		112 653 711
		合计		1 474 905 471
		桥墩防撞设施（暂定）		24 000 000
		景观照明（暂定）		10 000 000
		桥梁健康检测（暂定）		6 000 000
		航标工程（暂定）		450 000
		不可预见费		90 740 216

对于上述支出内容的会计处理，应当按照《企业会计准则第 15 号——建造合同》确认购置工程设备、材料的支出及相关费用的支出。需要特别说明的是，政府采用授予经营权和支付补偿款相结合的方式为项目公司运营期间提供资金支持。特许经营权合同明确规定，政府保证协助项目公司申请收费标准不低于20 元/标准车次。若收费标准低于 20 元/标准车次，甲方承诺每年按实际发生收费车次对差额据实进行补贴。根据《企业会计准则解释第 2 号》的规定，项目收益权资产应当既确认金融资产，又确认无形资产，并根据自第三方取得收入与自政府取得补偿款的比例确定金融资产与无形资产间的比例。对于金融资产和无形资产，应当分别以"长期应收款"和"无形资产——特许经营权"科目列示，并于结算工程价款时予以记录。借款利息资本化时，同样按照"长期应收款"和"无形资产——特许经营权"科目按比例予以记录。具体处理方法如表 9 – 3（1）~（6）所示。

此外，项目建设过程中可能涉及社会资本方违约的情形。如果社会资本方出现违约情形，政府或其委托部门有权责令社会资本方限期进行整改，未按整改通知实施整改的，社会资本方应按政府的要求，根据违约情形的类型，向政府支付相应的违约金。另外，竣工验收的质量目标低于本协议规定但达到合格标准的，社会资本方应向政府支付 1 000 万元的违约金，同时按照行业管理规定进行处理，记入社会资本方的信用记录。如项目竣工验收的质量较高，项目完成后获得"鲁班奖"或中国土木工程"詹天佑"奖，政府将给予社会资本方100 万元的奖励。对于项目相关的惩罚性违约金及奖励款的会计处理，应当通过"工程结算"科目进行处理，以便在项目完工决算阶段将"工程施工"与"工程结算"科目对冲，其具体处理方法如表 9 – 3（7）~（8）所示。

表 9 – 3 × × 项目建设阶段会计处理

经济业务事项	会计分录
（1）购置工程设备及材料	借：原材料等 　　贷：银行存款
（2）支付相关费用及使用材料	借：工程施工——合同成本 　　贷：银行存款 　　　　原材料等

续表

经济业务事项	会计分录
（3）结算工程价款	借：长期应收款 　　无形资产——特许经营权 　贷：工程结算
（4）计算合同收入与成本	借：主营业务成本 　　工程施工——合同毛利 　贷：主营业务收入
（5）项目完工决算	借：工程结算 　贷：工程施工——合同成本 　　　　　　　　——合同毛利
（6）借款利息资本化	借：长期应收款 　　无形资产——特许经营权 　贷：利息收入
（7）支付违约金	借：工程结算 　贷：应付账款
（8）收取奖励款	借：应收账款 　贷：工程结算

3. 项目运营阶段

由于该项目采用 BOT 模式，项目建成后由项目公司营运和收费。根据特许经营权合同的规定，政府保证协助项目公司申请收费标准不低于 20 元/标准车次。若收费标准低于 20 元/标准车次，政府承诺每年按实际发生收费车次对差额据实进行补贴。项目运营回报机制中，使用者付费占比 57%，政府可行性缺口补助占比 43%。因此，项目公司的收益取得方式为混合模式，应当为该项目收益权资产既确认金融资产，又确认无形资产，并于确认项目运营收入时按比例确认金融资产和无形资产取得的收益。对于项目运营期间产生的支出，按照支出类型的不同，分别归集于"管理费用""销售费用""主营业务成本"等科目。运营阶段的具体会计处理方法如表 9-4 所示。

4. 项目移交阶段

按双方特许经营权合同规定，在项目运营期（包括可能存在的延长期）满时，社会资本方应当将××项目无偿移交给××县人民政府，因而属于期满终

表 9 - 4　　　　　　项目运营阶段项目公司会计主体的账务处理

经济业务事项	会计分录
确认运营收入	借：长期应收款（政府补偿收入） 　　银行存款（自第三方取得的收入） 　贷：主营业务收入
发生运营支出	借：管理费用/销售费用 　贷：银行存款 　　　应付职工薪酬等 借：主营业务成本 　贷：原材料等
收到政府补偿款	借：银行存款 　贷：长期应收款
摊销无形资产时	借：主营业务成本 　贷：累计摊销——特许经营权

止无偿移交方式。由于××项目采用 BOT 方式运作，项目资产的所有权本身不归属于项目公司，而金融资产和无形资产在项目运营期满时均已确认或摊销，项目公司不需要为移交 PPP 项目专门作会计处理。在进行项目移交时，政府需要根据项目质量状况对项目资产价值进行重新评估，重新核定项目资产的金额，并冲销项目运营期间产生的长期待摊费用、未计提完毕的折旧等。

第四节　PPP 项目与税务的关联性研究

一、项目与税收优惠的关联性研究

1. 项目涉及税收优惠的必要性

在××项目中，"税"及"税收"包括目前或以后由任何税务机关或其他机构收取、征收、预提的任何性质的税费、收费、关税、费用和预提税等，并包括任何可支付的或可要求的利息、罚金或其他收费。可见，税收在 PPP 项目中覆盖范围极广，且体现了税收的强制性特征。因此，社会资本方应按有关法律法规的规定交纳一切税费，并应在××县办理税务登记。

在 PPP 项目中，税收除体现为强制性外，更多体现为调控性。××项目属于公共基础设施项目，建设期成本较高，且运营期收益有限，项目承揽方仅凭运营收入难以维持收支平衡。除政府给予相应补偿外，税收作为一项重要的调控工具，能够有效帮助社会资本收回成本，实现其盈利目标，从而提高社会资本参与××项目的积极性，进而推动××项目的建设和运营工作。

2. 税收核定依据

目前，PPP 项目的税收征管主要涉及增值税和企业所得税两大税种。××项目增值税核定主要依据《中华人民共和国增值税暂行条例》《关于全面推开营业税改征增值税试点的通知》等文件；企业所得税核定主要依据《企业所得税法》《企业所得税法实施条例》《国家税务总局关于实施国家重点扶持的公共基础设施项目企业所得税优惠问题的通知》等文件。税收核定依据还包括部分涉及其他税种的相关文件，如耕地占用税根据《中华人民共和国耕地占用税暂行条例》确定是否符合税收优惠条件。

3. 税收优惠在××项目下的应用

（1）工程施工税收优惠。

××项目建设阶段，工程施工税收计入项目公司建设成本。同时，在项目收费期达到2/3之前，若经过测算项目收益不能收回建设成本、运营成本及财务费用等费用，则政府协助项目公司通过转让收费权申请延长收费期5年，若不能延长收费期，则政府以财政资金弥补因此导致的项目公司收入与建设成本、运营成本及财务费用等费用的差额。因此，工程税收计入项目公司建设成本实际上将税收认定为项目公司为建设项目所发生的必要支出，以便在运营期项目公司无法收回建设成本时能够得到相应补偿。

（2）政府补贴。

特许经营权合同规定，在特许运营期内，政府负责协调减免项目公司运营收入的相关税费。若执行过程中与国家相关政策有冲突，政府应采取先征税后补贴的办法办理。因此，在特许运营期内，项目公司运营收费收入产生的相关税费将由政府承担，进一步扩大了项目公司运营阶段的盈利空间，从而从税收角度为项目公司在运营阶段的利润提供补偿。

（3）"营改增"政策。

根据财政部《关于全面推开营业税改征增值税试点的通知》的规定，自2016年5月1日起，我国全面推开"营改增"试点，将建筑业正式纳入"营改增"范围。"营改增"不仅是税制上的优化改革，更是一种重要的减税措施，仅对增值部分缴纳税金，基本消除了重复征税，且征税过程环环相扣，打通了增值税抵扣链条，可以促使社会形成更好的良性循环。××项目于2015年8月28日动工建设，项目计划建设期为4年。因此，项目大部分建设期间可享受"营改增"减税政策，可进一步降低项目公司在项目建设期间的资金压力，确保项目公司按时、按质完成××建设项目。

二、项目与税务风险的关联性研究

1. 项目涉及税务风险分析

（1）政府角度。

政府角度为项目公司带来税务风险主要来源于特许经营权合同的签订情况及执行情况。项目公司在与政府签订特许经营权合同时，应当注重合同中与税务相关的细节。如果双方对于合同的签订不够细致，可能出现双方对于税务事项约定不清导致项目公司税负增加的情形，进而增加项目公司在后续期间运作项目的难度。因此，在合同签订时，应当提高特许经营权合同签订的准确性。此外，政府不履行合同或对于合同的执行程度不足也可能为项目公司带来税务风险。税务部门进行税款计算的依据是合同有关条款，而合同条款未执行或不完全执行的情况可能导致项目公司在损失合同约定收益的同时，增加额外的税务负担。

（2）项目公司自身角度。

项目公司应当重点关注来自自身的税务风险。来自项目公司自身的税务风险可从三个角度予以阐述。一是部门之间信息沟通不畅。在项目公司中，纳税属于财务部应当履行的义务。如果负责合同签订的部分及项目实际执行部门与财务部之间的沟通不畅，合同签订情况或项目实际执行情况的调整将影响财务部原先制定的纳税计划，部分经济业务可能因此少纳税款。二是对现有税收政策的误读。当企业试图利用税收优惠政策进行开发建设时，应当充分了解该项政策的适用范围、适用条件及适用时间，避免因为建设项目不符合税收优惠政策规定的具体条件产生损失。三是早纳或迟纳税款。考虑到税款对营运资金的影响，项目公司如果早纳税款，将影响建设期间本不充裕的现金流；项目公司如果迟纳税款，则项目公司可能需要为此承担罚款及税收滞纳金，从而因为对税款缴纳时间规划不当增加项目公司的税收风险。

（3）外部环境角度。

外部环境也可能为项目公司带来税务风险。在本项目建设期间，所涉及最为核心的政策变化即为"营改增"政策，该政策可能为项目公司带来税务风险。在第六章中提及，在项目建设期容易产生大量进项税额。但在建筑业中，进项税额却较为匮乏，原因有三：一是对于相当多的砂、石、土方、砖瓦等地方材料，甲方（建设项目业主）提供的材料和设备等，均无法取得增值税发票[①]；二是施工辅助材料的供应商多为小规模纳税人，导致项目公司无法取得增值税专用发票，进项税额无法抵扣；三是在施工过程中购置的大型施工设备有限，无法产生较多进项税额，施工所使用的存量施工设备无法提供进项税额。因此，"营改增"政策可能导致项目公司建设期间增值税进项税额减少，为项目公司带来税务风险。

2. 项目税务风险应对方案

（1）掌握最新税收政策信息。

项目公司为避免政策误读而导致的项目误选，首先应当充分领会税收政策精神，将一切经营活动建立在符合相关法律规定的前提上。同时，应当及时掌握项目相关的最新税收优惠政策信息，并时刻关注相关信息的变动情况，在根据税收优惠政策选择建设项目之前，充分了解税收优惠政策的具体条件及建设项目的实际情况，尽量减少税收优惠政策相关的项目选择问题导致的损失。

（2）规范自身管理。

在税务风险中，可控性最高的风险是来源于项目公司自身的风险。因此，

---

① 秦玉文：《建筑业营改增》，江苏科学技术出版社，2016 年版。

项目公司应当着手加强自身对于税收事项的管理。在经济发生之前，应当建立完善相应的税收事项操作规范，并对可能存在的税务风险进行预测，从而降低税务风险发生的可能性；经济业务发生时，项目公司应当严格按照操作规程，对经济业务事项实施全过程管控，从而实现各环节规范化运作；经济业务发生之后，若确实发生了不可挽回的税务损失，首先应当及时采取补救措施减少可能的损失，如及时缴纳税款以减少罚款及滞纳金等；此外，应当及时总结税务风险造成损失的原因，对操作流程中不规范的环节予以纠正，必要时寻求税务部门的帮助，以降低未来因税务风险承担损失的可能性。项目公司应通过对涉税事项的事前、事中、事后控制，尽可能降低来源于项目公司自身的税务风险。

（3）进行税务筹划。

税务筹划是在法律规定许可的范围内，通过对经营、投资、理财活动的事先筹划和安排，尽可能取得节税的经济利益的一种企业筹划行为。项目公司实施有效的税务筹划不仅可以为项目公司增加收入、减少支出，也符合税法的立法意图，帮助推进税收法律法规的落实。项目公司应当充分利用税务筹划策略减少税务风险，实现项目利益最大化的运营目标。

三、项目与税务筹划的关联性研究

1. 税务筹划原则

（1）不违背税收法律规定的原则。

税务筹划应当首先建立在不违背税收法律规定的原则的基础上进行，简言之即合法。但税收制度及法律可能本身存在漏洞，企业利用制度漏洞进行税务筹划。因此，此处不违背税收法律规定应当指"形式上"不违背税收法律规定，即可能存在合法但违背税法精神的操作行为。但是，企业的税务筹划行为无论如何不能越过法律红线，否则不属于税务筹划而属于违法行为，将受到法律的制裁。

（2）事前筹划的原则。

事前筹划的原则确定了进行税务筹划的时间阶段。项目公司一旦开展实际业务活动，随着销售商品、提供劳务等行为的执行，纳税义务随之产生，应按时履行纳税义务，此时再进行税务筹划已无意义。税务筹划是对经济交易与事项纳税情况的提前规划，而不是对于经济交易与事项的事后记录。因此，税务筹划应当在经济交易与事项实际发生之前进行，以便为经济交易与事项实际执行过程提供指导。

（3）效率原则。

效率原则确定了税务筹划的最终目标。税务筹划的最终目标并不是尽可能减小税负，而应当把"利润最大化"或"企业价值最大化"作为税务筹划的目标。在企业进行税务筹划时，应当制定具有全局性、系统性的策略。具体而言，一方面需要考虑各税种间的相互影响，如一项税负的减少可能导致另一项税负的增加；另一方面，需要考虑税收与其他成本支出间的相互影响，单纯减少税负可能导致其他成本支出增加过多。因此，进行税务筹划应当站在企业全局的角度上，充分考虑进行税务筹划工作的成本效益，提升税务筹划工作的有效性，在税务筹划层面实现"利润最大化"或"企业价值最大化"的最终目标。

2. 项目全生命周期税务筹划要点

（1）项目公司成立阶段。

项目公司成立阶段所涉及的税收筹划主要涉及三个方面：项目公司的组织形式、项目融资渠道以及合同谈判。

项目公司的组织形式通常可分为两类，即有限责任公司和有限合伙企业。在××项目中，项目公司为××项目建设开发有限公司，组织形式为有限责任公司。由于项目公司股东××县××交通建设开发有限公司及××市市政建设集团有限公司均为居民企业，包括股息、红利在内的权益性投资收益可以享受免税优惠，项目公司无需为股东取得的股息、红利履行企业所得税代扣代缴义务。虽然采用有限合伙企业的组织形式时，可以根据"先分后税"的原则，由项目合伙企业的合伙人自行缴纳企业所得税或个人所得税，但有限责任公司的设立程序更加简单，同时更容易完成筹资目标，能够为项目公司筹集政府投资补助以外的 11 亿建设资金提供可靠保障。因此，采用有限责任公司的组织形式，既是完成筹资目标的需要，又是税收筹划的考虑。

在项目融资阶段，项目公司需自行筹集 11 亿建设资金，作为项目 21 亿总投资的重要组成部分。项目公司可采用权益融资和债务融资两种渠道进行融资。债务融资所产生的手续费及利息支出可在企业所得税税前抵扣，而权益融资的优点在于融资成本较低，两种融资方式互有利弊。根据税收筹划的效率原则，不能仅因债务融资方式可以少纳所得税就选择债务融资方式，应当充分考虑两种融资方式的融资难度、融资成本、税负等多项因素，实现项目收益最大化。

在合同谈判环节中，双方应当明确对于税款的分配。在此环节中，项目公司应当争取税收优惠，以降低将来建设、运营阶段的成本支出。本特许经营权合同中约定，工程施工税收计入项目公司建设成本；在特许期内收费收入产生的相关税费由政府承担。政府承诺，除国家法律、法规明文规定项目公司应缴纳的税费外，政府不再向项目公司收取其他任何费用。因此，根据双方约定，项目公司在建设阶段享受工程施工税收优惠，而在运营阶段享受收费收入税费补贴，项目公司在合同谈判阶段已为后续经济交易与事项做出了税收筹划安排，在合法的条件下充分享受政府提供的税收优惠及税费补贴，有利于在建设及运营阶段保障现金流，增加盈利空间。

（2）项目建设阶段。

项目在建设阶段的经济交易与事项以施工期间购进的工程材料及支付的机械使用费、运输费等各项费用为主，因此项目建设阶段税收筹划主要关注购进工程材料及购买相关服务的增值税问题。

前已述及，实行"营改增"政策后，项目公司面临增值税进项税额减少的问题。因此，项目建设阶段税收筹划问题应当关注如何取得更多增值税进项税额，具体可从三个方面采取相应措施。一是推迟购买固定资产。由于存量固定资产无法提供进项税额，适当选择购进新设备的时间可实现增加进项税额的效果。××项目的动工日期早于建筑业纳入"营改增"范围的时间，根据"营改增"政策安排，项目公司可选择于 2016 年 5 月 1 日建筑业纳入"营改增"范围后购入部分施工设备，从而增加可用于抵扣的进项税额。二是选择一般纳税人作为供应商。由于小规模纳税人无法提供增值税专用发票，选择一般纳税人作为合作供应商能够完善增值税抵扣链条，尽可能抵扣更多的增值税进项税额。三是筛选现有合作企业。当前合作供应商在"营改增"政策后可能被认定为一般纳税人，也可能被认定为小规模纳税人。项目公司应当尽量选择"营改增"政策后可能被认定为一般纳税人的合作供应商，以取得增值税专用发票，实现进项税额抵扣。

（3）项目运营阶段。

项目运营阶段主要涉及取得运营收入及发生运营支出的事项，因而税收筹划的重点税种是企业所得税。企业所得税的税收筹划主要可从两方面进行考虑，一是项目公司是否可享受公共基础设施项目所得税优惠，二是专项用途财政性资金是否可作不征税收入处理。

《公共基础设施项目企业所得税优惠目录》（简称《目录》）中对公路新建项目享受企业所得税的条件作出了明确规定，由省级以上政府投资主管部门核准的一级以上的公路建设项目可享受"三免三减半"所得税优惠政策。在××项目中，××县人民政府属于县级人民政府，不满足《目录》中所列条件，因此该项目无法享受该项企业所得税优惠政策。

双方在特许经营权合同中约定了政府保证协助项目公司申请收费标准不低于 20 元/标准车次，若收费标准低于 20 元/标准车次，政府承诺每年按实际发生收费车次对差额据实进行补贴。因此，在运营阶段项目公司可取得来自政府的财政性资金补贴。根据《关于专项用途财政性资金企业所得税处理问题的通知》的相关规定，企业从县级以上各级人民政府财政部门及其他部门取得的应计入收入总额的财政性资金，凡同时符合以下条件的，可以作为不征税收入，在计算应纳税所得额时从收入总额中减除：一是企业能够提供规定资金专项用途的资金拨付文件；二是财政部门或其他拨付资金的政府部门对该资金有专门的资金管理办法或具体管理要求；三是企业对该资金以及以该资金发生的支出单独进行核算。在××项目中，××县人民政府满足县级以上各级人民政府的条件，且××县财政局颁布了《××县财政专项资金拨付管理暂行办法》，项目公司具备将财政性资金补偿作为不征税收入的基本条件。因此，项目公司应当在取得来自政府的专项用途财政性资金时，应当尽量取得该项补偿资金的拨付文件，遵循的《暂行办法》的规定，并对该笔资金进行单独核算，以达到不征税收入的具体要求，争取专项用途财政性资金补偿免纳企业所得税。需要注意的是，根据收入与费用配比原则，不征税收入用于支出所形成的费用，不得在计算应纳税所得额时扣除；用于支出所形成的资产，其计算的折旧、摊销也不得在计算应纳税所得额时扣除。

（4）项目移交阶段。

在××项目中，当项目运营期满时，社会资本应当向政府进行项目的无偿移交和转让，具体移交内容包括：项目及其附属设施；至少满足项目正常运营 6

个月所需要的设施、物品；与项目的建设、运营、管理和维护有关的文件、手册和记录；与项目有关的所有未到期的担保、保证和保险的受益；与项目运营和养护有关的所有技术和知识产权；所有与项目及其资产有关的其他权力和利益。由于××项目采用 BOT 运作方式，项目所有权本身归属于政府，无需进行项目所有权的移交。同时，如果最终移交形式为期满终止无偿移交，为项目收益权资产而确认的金融资产和无形资产均已计算摊销完毕，各项资产的计税基础均为 0。因此，只要项目移交时符合移交条件和标准，项目通过性能测试验收合格，项目公司一般无需再为移交事宜专门作税收处理。

第十章
PPP项目建设研究的建议

第一节 开展 PPP 专业知识培训和聘请专家团队

一、开展专业知识培训

PPP 模式作为一种区别于单一部门供给的新型管理模式，不仅具有计划、组织、领导、控制等管理职能，同时还具有扩量融资、利用新技术以及机制创新等职能，故对企业及企业的人员的要求相对较高。近年来，国家虽然出台了一系列支持政策，但仍缺乏与公共文化服务领域应用 PPP 模式相配套的管理制度，特别在税收优惠、风险责任划分和利益共享等方面缺乏具体的制度指导。而我国引入 PPP 模式的时间较短，缺乏既懂公共文化服务领域相关专业知识又懂 PPP 模式运作的专业人才。所以，培养 PPP 人才是解决基础设施 PPP 项目所面临风险的核心。培养途径如下：

1. 政府培训

要使 PPP 模式的思想深入人心，就要对有关政府部门和人员进行 PPP 模式理论、政策、规则、案例等的培训，有效地增强人员接纳 PPP 模式的意识，提高工作人员的工作能力和办事效率。

2. 高校培训

由于 PPP 模式专业性强，高等学校教育要为社会培养 PPP 专业尖端人才。高校作为人才培养和产学研的基地，可与企业和政府合作。一方面，企业、政府给高校提供案例，实现高校案例库的建设和相关人才培养，不仅丰富了学校的建设，而且还为社会提供了能实际解决问题的人员。另一方面，高校可以为企业和政府的相关工作人员提供 PPP 的专业知识和有关管理能力的技能培训。通过政府、高校和企业的相互协作，完善人才培养体系，还为社会输送了懂技术、会管理的复合型人才。

二、聘请专家团队

根据最优化策略，由于 PPP 项目参与方社会责任和承担的角色不同，不同种类的风险对其影响也不同，所以参与各方要合理划分风险，达到项目总成本最低的目标。为使效率最大化，引入专家团队解决一些复杂的问题比起临时培养专业人才更能解燃眉之急。在以下方面，专业团队能发挥更大作用：

1. 引入第三方监督评估机构

PPP 模式周期长，架构复杂，不可预见因素较多，政府部门较难拥有项目实施所需的全部技能，需要发挥第三方监督评估机构的作用，优化项目方案，防范项目风险。目前 PPP 模式运作中专业第三方监督评估机构不可或缺，例如信用评级机构，信用评级是 PPP 资产证券化的重要环节。在 PPP 模式持续发展、PPP 项目资产证券化不断发展的过程中，第三方监督评估机构以相对客观、更专业的角色。为参与各方提供更权威的帮助，防止可能的道德风险，促进项目顺利实施。PPP 模式运作中，推动第三方评估的制度化、程序化、规范化极为必要，这就要求相关政府部门加强信息披露和社会监督，兼顾各利益相关方的利益诉求，增强 PPP 项目的透明度，结合我国国情，探索和建立适合我国国情的评估理论、方法和技术，以保证引入第三方科学有效的评估，推动我国 PPP 模式可持续发展。

2. 专业化机构参与制定融资规范

PPP 项目中金融机构不但可以提供融通资金的方式，同时也将金融机构的规范化运作带给当地政府，以更标准化的方式实施 PPP 项目。在项目识别阶段，金融机构可以参与 PPP 项目，根据一定的要求帮助政府设定交易结构和边界条件，通过这种方式，金融机构可以在更短的时间内通过更加标准化的模式帮助地方政府改进其规范并参与 PPP 融资结构的设计。金融机构开发和设计自己的金融产品，利用新思路创新设计，推出多种类的 PPP 融资产品工具服务于 PPP 项目。比如，PPP 项目资金不但可以采取较传统的股权投资（如基金投资或信托），还可以采取流动性贷款债权人的形式。

3. 咨询机构防范未知风险

PPP 项目咨询服务机构在项目运营中起到关键作用，根据财政部颁发的《政府和社会资本合作项目财政承受能力论证指引》规定，财政部门可通过政府采购方式聘请专业中介机构协助进行财承论证工作。尤其在我国起步较晚，制度建设严重落后于 PPP 项目总量的发展增速水平的情况下，在项目盈利前景预测机制建设方面，仍然存在较大缺陷，从而导致项目融资中对项目评估、预测以及交易结构的认识等都存在较大不足，很容易引发项目风险。而且，一旦发生系统性风险，将会对社会资本投资者、商业银行、保险公司等造成较大打击。所以聘请专业的咨询团队对于整个项目的规范运转和地方政府财政风险的防范具有重要意义。

第二节　国家层面加强立法，给予政策和制度保障

自 PPP 成为政府破解资金难题的可行模式以来，几年间得到了快速推广，成效明显，为稳增长、促改革、惠民生发挥了积极作用。但同时，随着 PPP 模式向纵深推进，在实践中也出现了一些亟待解决的突出问题，主要有：合作项目范围有泛化倾向，合作项目决策不够严谨、实施不够规范；社会资本方顾虑较多，尤其是民营资本总体参与度不高；相关管理制度措施存在"政出多门"等。这些问题都需要早日得到妥善的解决。

法治是社会政治文明发展到一定阶段的产物，是各阶层进步人士的智慧凝聚，是社会发展进步的体现，是我们建设繁荣昌盛的社会主义国家的正确打开方式。为规范基础设施和公共服务领域的政府和社会资本合作，保障公共利益和社会资本方的合法权益，提高公共服务供给的质量和效率，促进经济社会持续健康发展，有必要制定专门的法律法规。德国在 2005 年颁布了《公私合作制促进法》，对德国《公共采购条例》《远程公路建设私人融资法》《税法》《投资法》等多部法律中限制 PPP 发展的条款和制度进行大量的修改，为德国 PPP 模式的发展扫清了障碍，使发展较晚的德国 PPP 模式发展得较好，公私合作项目的数量跃居世界第三位。中国财政科学研究院研究员贾康也曾经提出，法治化是 PPP 可持续的保障。只有在法律方面打好基础，为 PPP 项目做好保障，才能更好地促进 PPP 项目在我国健康而持久的发展。

一、加快推进立法进程

我国目前并没有制定专门的法律来规范这一方面的问题，从 2016 年 1 月财政部的《政府和社会资本合作法（征求意见稿)》，到 2017 年 7 月国务院法制办的《基础设施和公共服务领域政府和社会资本合作条例（征求意见稿)》（以下简称《条例》），国务院一直在尝试加快 PPP 模式法治化进程。但目前来看，每年上万亿投资规模的 PPP 项目无法可依，对政府、对社会资本来说都面临很大风险。

而且，由于每个地方政府对于 PPP 项目的理解有所不同，再加上没有足够规范性的高等法律约束，各个地方政府制定的相关规范可能存在各种问题。除了相关条款不够充分完善外，还可能存在地方政府只从本地区 PPP 项目发展的角度出发、出台的文件各自为政、相互之间不能衔接、缺乏系统性和全面性等问题，这些问题都会导致在项目决策和管理的过程中出现了各种不良状况，降低了项目的实施效率。因此，随着 PPP 模式的全国推广，进行国家统一立法是必然选择。

党的十一届三中全会提出"有法可依、有法必依、执法必严、违法必究"的十六字方针来建设我国的法治社会。第一条就是"有法可依"，这也是后面三条的基础和前提，这也进一步反映了法律建设的必要性，只有建设并完善了相关的法律法规，才能够规范这一方面的市场行为，促进社会健康发展。对于 PPP 项目同样是如此，只有建立了国家层面的立法，各级政府才能够依托这一法律进行相关法律规范的制定和完善，相互之间进行良好的衔接，促进 PPP 项目的持续有效发展。

因此，建议加快《条例》起草出台进程，制订立法进度表，促成"PPP 基本法"尽早出台。《条例》作为 PPP"根本大法"，建议宜粗不宜细，宜原则不予具体。对于 PPP 目前存在的理念问题和根本问题应予以明确。这些问题包括：第一，明确发展改革部门与财政部门在 PPP 事务主管权的分工；第二，理清 PPP 模式与其他模式的边界，例如 PPP 与政府购买服务、PPP 与特许经营，等等；第三，确立 PPP 模式需要遵循的基本法律原则，最少应包括平等原则、公开原则、诚信原则、信赖利益保护原则等；第四，明确 PPP 争议解决的法律适用，哪些情况应适用民事争议解决机制，哪些应适用于行政争议解决机制；第五，梳理并明确《条例》与其他法律、法规有关 PPP 模式适用和衔接问题，例如 PPP 与土地制度、PPP 与税收制度、PPP 与招投标制度的衔接和冲突解决机制，等等。

二、积极学习参考国外相关法规

我国也可以参考国外的一些相关 PPP 项目的法律法规。美国在交通建设领域，尤其是高速公路领域有 PPP 的专门立法，我国也可以针对一些比较特殊或者较为重要的领域进行专门的法律制定，当然，首先要制定一部通用性的国家层面的法律，专门领域的法律不能与其相违背。而且，我们可以设置专门的 PPP 管理部门，对这一方面的相关事务进行监督和处理，更有效地促进 PPP 项目的规范运行。我们同样要加强 PPP 模式的政策支持。国家政策指引着一国经济发展的方向，为确保 PPP 的稳步发展，各国都出台了促进 PPP 发展的相关政策，例如财政、税收以及金融政策等。只有政府有了明确的政策指引，才能吸社会资本参与到公共服务领域。

我国 PPP 正处于政策调整期和规范发展期，PPP 面临的最大风险是不确定性风险。保障 PPP 合法合规开展、防范 PPP 法律风险，需要出台 PPP 条例和更高层级的法律法规。PPP 理性发展需要政府、企业、社会一起努力，准确、全面理解 PPP 的内涵，充分发挥 PPP 提质增效的功能，回归本源，不忘初心，砥砺前行。

第三节　建立 PPP 项目库和选择试点项目

一、建立 PPP 项目库

根据 2014 年发改委出台的《关于开展政府和社会资本合作的指导意见》，各省区市发展改革委要建立 PPP 项目库。然而，由于一开始管理不够规范，对

PPP 模式存在很多误区，很多地方盲目上 PPP 项目，前期工作不充分，后期与社会资本投资人存在纠纷的隐患，甚至把 PPP 当成地方政府的融资工具。针对这些乱象，中央出台《关于规范政府和社会资本合作（PPP）综合信息平台项目库管理的通知》《关于进一步加强政府和社会资本合作（PPP）示范项目规范管理的通知》等，开始清理项目库，不断规范 PPP 项目库管理。要在 PPP 项目推行之初实行项目库管理。按照财政部相关文件对 PPP 项目阶段的划分，××PPP 项目管理的基本流程一般可分为项目识别、项目准备、项目采购、项目执行及项目移交 5 个阶段（见图 10 – 1）。

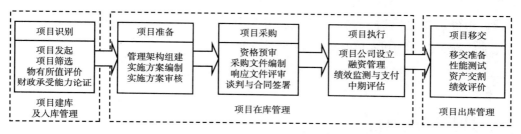

图 10 – 1 ×× PPP 项目管理流程

PPP 项目分类建库要根据项目所处状态进行分类，按项目所处阶段分别建立储备库和管理库。储备库是处于识别阶段的，地方政府部门有意愿采用 PPP 模式，但尚未完成物有所值评价和财政承受能力论证审核的备选项目，应重点进行项目孵化和推介。此外，为更好区分不同状态的项目，PPP 项目储备库还可以细分为意向项目库、备选项目库、推介项目库等，管理库还可以细分为执行项目库、示范项目库等等。精细丰富的项目库分类，为项目精准管理奠定了基础。以严格标准作为项目库入库把控在入库环节，PPP 项目必须要审核是否达到入库标准。要采取负面清单形式严格入库管理。《关于规范政府和社会资本合作（PPP）综合信息平台项目库管理的通知》以负面清单的形式列举了不能入库的情形，严格把关项目入库，提升入库项目质量。加强项目预算评审，严格遵循"先评审后入库"原则，预算评审采用定性和定量评审相结合的方式，对项目的合规性、规范性、合理性等进行审核。

对××项目，可以主要采取动态管理的方式，通过监督管理项目融资、定期检测项目产出绩效指标、开展中期评估及中期评估报告备案和公开等活动以促进 PPP 项目总体目标的实现。把完成项目从私人合作方顺利移交给政府方并由政府部门组织开展项目绩效评价，以动态管理作为项目库管理手段，对××PPP 项目实行动态管理。一是对项目库建立健全专人负责、持续跟踪、动态调整的常态化管理机制，动态更新项目库信息。二是实行 PPP 项目"能进能出"动态管理，定期组织开展项目库集中清库工作，对项目信息及实施方案、物有所值评价报告、财政承受能力论证报告、采购文件、PPP 项目合同等重要文件资料进行核实审查，及时将条件不符合、操作不规范、信息不完善的项目以及入库时间较长且无实质性进展等项目清理出库，促使项目库形成"建成一批、淘汰一批、充实一批"的良性循环机制。如根据财政部《PPP 物有所值评价指引（修订版征求意见稿）》的要求，已采用 PPP 模式的项目要开展物有所值中期评价，这一修订旨在加强 PPP 项目的动态管理。

二、选择试点项目

要破除社会资本观望态度，尽快建成一批运转规范、有影响力和示范效应的 PPP 项目。从推动财政中长期可持续发展等角度，明确财政部主导 PPP 推进工作，加强财政 PPP 中心职能，统一负责总体规划、政策指导和监管协调。加强财政、发改、住建、国土等部门之间的沟通协调，财政部发挥统一协调、统一指导作用，将各个部门、各个领域的 PPP 项目纳入统一规划、统一管理，有效避免政出多门、部门利益绑架等问题。指导建立一批风险可控、预期收益稳定的公共项目纳入试点。

××省和下辖的市、县等各级政府比照中央做法，对 PPP 项目纳入财政部门统一管理，各个部门已经推出的 PPP 项目纳入统一规划、统一标准。扩展财政部门 PPP 综合信息平台的功能，将发改、住建、国土等其他部门主导的 PPP 项目纳入信息平台管理，实现信息的统一录入、统一审核、统一分析、统一发布，有效降低行政监管成本和市场交易成本，促进 PPP 市场规范发展，提高政府治理水平。××省要加强业务指导，确保 PPP 示范项目规范实施，形成一批能参考、可推广的模板，充分发挥带动作用。要充分放权，指导市县大胆先行先试，将风险较为确定可控、预期收益较为稳定的公共项目纳入试点，尽快推动实施。

第四节　严控地方政府债务风险，勿忘初心

一、进一步提高 PPP 项目规范化程度

截至 2019 年 5 月末，全国政府和社会资本合作综合信息平台管理库累计项目 9000 个、投资额 13.6 万亿元，PPP 模式在我国的发展已进入到全面铺开的阶段。在 PPP 模式快速发展的同时，也易出现数量有余、质量不佳的现象，部分 PPP 项目存在可行性不高、形式重于实质的问题，从政策面确保 PPP 项目合法合规、规范运作成为推动 PPP 模式健康发展的重要议题。

2019 年 6 月 21 日，发改委颁布文件《关于依法依规加强 PPP 项目投资和建设管理的通知》（以下简称《通知》），进一步规范 PPP 项目的入库及执行过程，是我国 PPP 模式走向法治化道路的重要前瞻性文件。

《通知》从六个方面对 PPP 项目的投资、建设、运营、管理提出了新的要求，可归结为如下三项要点：

第一，所有拟采用 PPP 模式的项目均要开展可行性论证。为使社会资本方与政府方切实从 PPP 项目中获益，PPP 项目应当具备充分的必要性与可行性。同时，对其可行性的关注不应仅局限于建设项目本身的可行性，还应当站在大局角度，考虑政府与社会资本合作过程中的可行性，如政府投资必要性、政府投资方式比选、项目全生命周期成本、运营效率、风险管理等因素。

第二，所有项目均应履行 PPP 项目决策程序。自 2019 年 7 月 1 日起，所有 PPP 项目均须依照《政府投资条例》《企业投资项目核准和备案管理条例》的相关规定，开展可行性论证和审查，履行审批、核准和备案的项目决策程序，否则即为不规范项目，不得开工建设。两项条例的正式出台与实施是 PPP 模式法

治化进程的重要拼图，将 PPP 项目的决策过程纳入法律监管范围，可在很大程度上减少盲目决策、草率决策的现象，确保 PPP 项目的决策过程按程序执行。

第三，加强 PPP 项目方案审核力度，多渠道监管措施同步推进。目前，由于 PPP 模式的应用尚未完全成熟，部分 PPP 项目存在运营模式雷同、照搬典范项目做法的现象。实际上，每个 PPP 项目都具有特殊性，应当根据其自身特点"量身打造"该项目的运营模式及实施方案。因此在监管层面，适当加强对 PPP 项目方案的审核力度，有助于保障 PPP 项目实施方案更加符合实际，可行程度更高。另外，采用多种方式对 PPP 项目进行集中统一管理，例如将 PPP 项目纳入全国投资项目在线审批监管平台统一管理、通过在线平台履行法定备案义务等方式，解决 PPP 项目信息的规范性和时效性问题。

目前，PPP 模式所应用的项目数量繁多、体量巨大，实现 PPP 模式的规范发展需要长期不懈的努力。针对目前的 PPP 模式发展形势，需要在当前的政策执行过程中，不断总结政策执行经验，及时采用新政策、新规范查漏补缺，从而进一步完善 PPP 模式法治体系，加快法治化进程，从而不断提高 PPP 项目规范化程度。

二、把控政府方出资规模及形式

PPP 模式的出发点之一即是解决政府资金需求问题。在当前地方政府债务居高不下、隐性债务问题频发的背景下，更需要关注 PPP 模式是否真正为政府解决了资金问题，避免在项目执行过程中出现政府债务反弹。2019 年 3 月 7 日，财政部文件《关于推进政府和社会资本合作规范发展的实施意见》（以下简称《意见》）对此作出了规定，对 PPP 项目中控制政府出资提出了明确要求。

第一，《意见》对政府付费的补偿方式进行了严格限制。《意见》要求，确保每一年度本级全部 PPP 项目从一般公共预算列支的财政支出责任，不超过当年本级一般公共预算支出的10%；财政支出责任占比超过5%的地区，不得新上政府付费项目，另有规定除外。在本书第3章中曾提及，PPP 项目的收益方式包含三种类型：使用者付费、政府付费、可行性缺口补助。《意见》对于财政支出责任占比的限制，有助于减少以政府付费为收益模式的 PPP 项目，同时对采用可行性缺口补助模式的 PPP 项目也构成了一定的限制，推动未来 PPP 项目中社会资本角色在出资方面的重要性，减少政府出资与付费比例。

第二，《意见》通过限制政府直接或间接出资降低政府隐性债务水平。《意见》提出，存在政府方或政府方出资代表向社会资本回购投资本金、承诺固定回报或保障最低收益的，或通过签订阴阳合同，或由政府方或政府方出资代表为项目融资提供各种形式的担保、还款承诺等方式，由政府实际兜底项目投资建设运营风险的项目，已入库应当予以清退。上述项目均构成政府间接出资，或政府间接承担财政支出责任的情形，实质上属于政府承担的隐性债务，对增加地方政府债务风险构成威胁。因此，政策层面应当通过各渠道管控以防止政府承担额外的财政支出责任，牢牢守住不新增地方政府隐性债务风险的底线。

PPP 模式的初衷即是让政府方与社会资本方实现"双赢"，既满足社会资本方的盈利需求，又满足政府方的资金需求和基础设施建设需要。从解决资金需要的层面来看，PPP 模式的最终目的是化解地方政府债务风险，降低隐性债务水平。在未来 PPP 模式相关政策中，应当紧盯降低政府债务水平这一要点，将化解地方政府债务风险这一思路一以贯之，勿忘初心。

参考文献

［1］吕风勇、邹琳华：《中国县域经济发展报告（2018）》，中国社会科学出版社，2018年版。

［2］民政部：《2018年民政事业发展统计公报》，http：//www. mca. gov. cn/article/sj/tjgb/，2019年。

［3］凤凰网湖北综合：《湖北2017年县域经济成绩单：县域GDP占全省60.4%》，http：//hb. ifeng. com/a/20180627/6683266_0. shtml. 2018（6）．

［4］徐晓宜：《"鸟巢"的遗憾为何半路散伙？国家体育场PPP项目融资模式案例分析》，http：//www. 360doc. com/content/17/1013/18/35081416_694678135. shtml，2017年。

［5］财政部：《关于推进政府和社会资本合作规范发展的实施意见》，2019年。

［6］国家发展改革委：《关于依法依规加强PPP项目投资和建设管理的通知》，2019年。

［7］财政部：《PPP物有所值评价指引（试行）》，2015年。

［8］财政部：《政府和社会资本合作模式操作指南（试行）》，2014年。

［9］财政部、发展改革委、司法部、人民银行、银监会、证监会：《关于进一步规范地方政府举债融资行为的通知》，2017年。

［10］李海涛：《政府特许经营模式下的电网投资体制构建》，载《管理世界》2016年第1期。

［11］龚强、张一林、雷丽衡：《政府与社会资本合作（PPP）：不完全合约视角下的公共品负担理论》，载《经济研究》2019年第4期。

［12］王经绫、闫嘉韬：《双重身份视角下的PPP政府审计问题研究》，载《审计研究》2018年第3期。

［13］柴能勇：《政府规制视角下的PPP项目跟踪审计问题研究》，载《审

计研究》2018年第6期。

［14］吉富星：《中国PPP模式的运作实务》，中国财政经济出版社，2017年版。

［15］罗煜、王芳、陈熙：《制度质量和国际金融机构如何影响PPP项目的成效——基于"一带一路"46国经验数据的研究》，载《金融研究》2017年第4期。

［16］王立国、张莹：《PPP项目跟踪审计探讨》，载《审计研究》2016年第6期。

［17］方俊、任素平、黄均田：《PPP项目全过程跟踪审计评价指标体系设计》，载《审计研究》2017年第6期。

［18］秦玉文：《建筑业营改增》，江苏科学技术出版社，2016年版。

［19］詹琳、赵磊：《PPP的全球进展及中国的改革实践》，中国财政经济出版社，2018年。

［20］刘艳波：《PPP模式下高速公路建设项目全过程跟踪审计研究》，云南大学硕士论文，2015年。

［21］陆金龙：《公共项目PPP模式第三方审计机构定价机制研究》，南京大学硕士论文，2012年。

［22］娜仁格日乐、徐雯：《政府投资项目审计的问题分析与对策》，载《财会研究》2017年第9期。

［23］庞艳红、王瑶瑶：《PPP模式下审计组织方式创新研究》，载《财会通讯》2017年第25期。

［24］胡雪海：《混合经济背景下PPP项目跟踪审计模式研究》，安徽财经大学硕士论文，2017年。

［25］刘尚希、赵福军：《政府和社会资本合作（PPP）知识读本》，中国财政经济出版社，2017年版。

［26］孙凌志、贾宏俊、任一鑫：《PPP模式建设项目审计监督的特点、机制与路径研究》，载《审计研究》2016年。

［27］王守清、王盈盈：《政企合作（PPP）王守清核心观点》，中国电力出版社，2017年版。

［28］曹潇潇：《全生命周期视角下PPP项目风险的协同审计治理研究》，南京审计大学硕士论文，2017年。

［29］王杰：《基于风险导向的PPP项目全过程跟踪审计研究》，东北财经

大学硕士论文，2017 年。

[30] 许亚、张弛、夏胜权、陈丙欣：《公共投资审计视角下的 PPP 模式研究》，载《财政研究》2017 年第 6 期。

[31] 严晓健：《公私合作伙伴关系（PPP）的应用及审计重点探讨》，载《审计研究》2014 年第 5 期。

[32] 李丽娜、姜瑞枫、李林、董国云、孙治红：《PPP 项目财税策划与操作实务》，江苏科学技术出版社，2018 年版。

[33] 孙永尧：《PPP 项目会计研究》，经济科学出版社，2018 年版。

[34] 焦胜：《PPP 模式对建设项目审计的影响及路径优化》，载《商业会计》2017 年第 5 期。

[35] 中央财经大学政信研究院：《中国 PPP 行业发展报告（2017 – 2018）》，社会科学文献出版社，2018 年版。

[36] 邱聿旻、程书萍：《PPP 项目若干问题研究》，南京大学出版社，2017 年版。

[37] 吴虹、王晓艳、杨明芬：《PPP 项目审计指南》，载《中国建筑工业出版社》，2019 年。

[38] 曹月祥：《PPP 模式项目财务风险因素分析及应对措施》，载《现代经济信息》，2017 年。

[39] 程孟萍：《高速公路 PPP 项目财务风险管理研究》，安徽财经大学硕士论文，2017 年。

[40] 李立贤：《PPP 模式建设项目的审计重点》，载《中国审计报》2017 年第 6 期。

[41] 吉富星：《中国 PPP 模式的案例解析》，中国财政经济出版社，2017 年版。

[42] 黄冰：《我国 PPP 项目审计研究》，浙江工商大学硕士论文，2018 年。

[43] 郭琳：《PPP 模式审计重点探讨》，载《审计月刊》2017 年第 9 期。

[44] 蒲明书、罗学富、周勤：《PPP 项目财务评价实战指南》，中信出版社，2016 年版。

[45] 万久法：《基建项目财务效益评价研究》，载《当代经济》2013 年第 14 期。

[46] 王德龙：《PPP 模式下项目财务管理的若干思考》，载《企业改革与管

理》2018 年第 4 期。

［47］张沙沙：《BOT 项目的政府主体会计确认与计量研究》，中国财政科学研究院硕士论文，2018 年。

［48］钟道国：《PPP 模式下项目财务管理方式之研究》，载《金融经济》2017 年第 10 期。

［49］中央财经大学政信研究院：《中国 PPP 行业发展报告（2017－2018)》，社会科学文献出版社，2018 年版。

［50］周林军、童小平、钟韵等：《PPP 项目难点及风险控制研究——实务案例解析暨重庆的探讨》，西南师范大学出版社，2016 年版。

［51］周清林、成思阳、孙健峰：《PPP 模式下私人资本方的财务风险管理研究》，载《商业经济》2017 年第 12 期。

［52］丁淑芹、田园：《我国 PPP 模式下大数据审计的思考》，载《当代经济》2017 年第 4 期。

［53］张海星、张宇：《PPP 模式：多维解构、运作机制与制度创新》，载《宁夏社会科学》2015 年第 6 期。

［54］朱丹娜：《PPP 模式在我国城市基础设施建设中应用的研究》，江西财经大学硕士论文，2016 年。

［55］顾林琳：《PPP 运用于基础设施建设的运营机制与模式研究》，南京农业大学硕士论文，2011 年。

［56］凤亚红、李娜、左帅：《PPP 项目运作成功的关键影响因素研究》，载《财政研究》2017 年第 6 期。

［57］江川：《国内 PPP 运作模式研究》，首都经济贸易大学硕士论文，2016 年。

［58］陆晓春、杜亚灵、岳凯等：《基于典型案例的 PPP 运作方式分析与选择——兼论我国推广政府和社会资本合作的策略建议》，载《财政研究》2014 年第 11 期。

［59］李思瑾：《PPP 模式下政府负债的会计处理》，载《会计之友》2017 年第 7 期。

［60］翟信峰：《PPP 模式下会计核算问题分析与阐述》，载《财会学习》2017 年第 4 期。

［61］周颖：《PPP 模式会计核算浅析》，载《财会学习》2016 年第 20 期。

[62] 王李平：《常见 PPP 项目运作模式会计核算管见》，载《财会月刊》2016 年第 16 期。

[63] 仲娜：《公私合营模式（PPP 模式）会计核算探讨》，载《财会研究》2015 年第 9 期。

[64] 孟丽琴：《PPP 项目融资阶段会计核算与税务处理探讨》，载《财会学习》2018 年第 15 期。

[65] 孟惊雷、修国义：《PPP 模式下项目移交的会计核算研究》，载《会计之友》2018 年第 10 期。

[66] 邓跃跃：《建筑施工企业 PPP 项目管理会计应用实践》，载《财务与会计》2018 年第 1 期。

[67] 崔志娟：《政府会计的 PPP 项目资产确认问题探讨》，载《会计之友》2018 年第 1 期。

[68] 李振、梁伟波：《PPP 模式下 BOT 项目的财税处理要点探析》，载《财务与会计》2017 年第 24 期。

[69] 贺寒林：《试论 PPP 项目财务管理与会计核算问题研究》，载《财会学习》2017 年第 14 期。

[70] 李奇蔚：《管理会计影响轨道交通 PPP 模式》，载《财会信报》2017 年第 B07 期。

[71] 何雪锋、吴小亚：《PPP 模式下的管理会计研究》，载《财会信报》2017 年第 B07 期。

[72] 陈娜：《TOT 项目会计确认与计量研究》，中国财政科学研究院硕士论文，2017 年。

[73] 王芳、万恒：《PPP 模式下政府负债会计问题探讨》，载《财务与会计》2016 年第 15 期。

[74] 赵聚辉、李晓霞、王佳文：《促进 PPP 模式发展的税收政策研究》，载《宏观经济研究》2018 年第 5 期。

[75] 傅樵、向希曼：《PPP 模式的税收政策研究》，载《财会月刊》2018 年第 9 期。

[76] 刘云江：《PPP 项目税务筹划和应对建议初探》，载《财会学习》2018 年第 6 期。

［77］龙玲：《PPP 项目税务筹划和应对建议探析》，载《财会学习》2018年第 2 期。

［78］覃伟楼、周珂、张晨曦：《政府投资项目跟踪审计：四道"免疫"防线的构建》，载《中国内部审计》2017 年第 9 期。

［79］李金明、李新忠：《PPP 模式下高速公路项目的税收问题及解决》，载《财会月刊》2017 年第 25 期。

［80］时现：《公私合伙（PPP）模式下国家建设项目审计问题研究》，载《审计与经济研究》2016 年第 3 期。

［81］王明吉、崔学贤：《PPP 项目资产证券化之会计处理与税务影响》，载《财会月刊》2017 年第 1 期。

［82］马蔡琛、袁娇：《PPP 模式的税收政策与管理》，载《税务研究》2016年第 9 期。

［83］温来成、王涛：《PPP 特许经营项目税收支持政策研究》，载《税务研究》2016 年第 9 期。

［84］唐祥来、刘晓慧：《促进 PPP 模式发展的税收政策取向》，载《税务研究》2016 年第 9 期。

［85］武彦民、岳凯：《我国 PPP 项目税收支持政策：现状与完善》，载《税务研究》2016 年第 9 期。

［86］孙静：《PPP 税收政策设计思路与操作路径》，载《税务研究》2016年第 9 期。

［87］陈新平：《PPP 涉税问题研究》，载《中国财政》2016 年第 14 期。

［88］郭建华：《我国政府与社会资本合作模式（PPP）有关税收问题研究》，载《财政研究》2016 年第 3 期。

［89］张春平：《BOT 模式下 PPP 项目涉税问题探讨》，载《税务研究》2018 年第 4 期。

［90］蒲卫平：《高速公路 PPP 项目税务风险防范》，载《中国国际财经（中英文）》2018 年第 5 期。

［91］王冬：《FS 置业公司 PPP 项目涉税风险管理研究》，南京师范大学硕士论文，2016 年。

［92］刘云江：《PPP 项目税务筹划和应对建议初探》，载《财会学习》2018

年第 6 期。

［93］龙玲：《PPP 项目税务筹划和应对建议探析》，载《财会学习》2018 年第 2 期。

［94］郭立磊：《跟踪审计在政府投资项目中的应用研究》，郑州大学硕士论文，2018 年。

［95］李凤：《PPP 模式建设项目审计监督的特点、机制与路径探究》，载《财会学习》2017 年第 21 期。

［96］Lam K C, Wang D, Lee P T K, et al. Modelling risk allocation decision in construction contract ［J］. *International Journal of Project Management*, 2007（5）: 485 – 493.

［97］Ng S T, Xie J, Cheung Y K, et al. A simulation model for optimizing the concession period of public-private partnerships schemes ［J］. *International Journal of Project Management*, 2007（8）: 791 – 798.

［98］Shuibo Zhang, Ying Gao, Zhuo Feng and Weizhuo Sun. PPP Application In Infrastructure Development In China: Institutional Analysis and Implications ［J］. *International Journal of Project Management*, 2015（3）: 497 – 509.

［99］Latham S M. Constructing the team: Joint review of procurement and contractual arrangements in the United Kingdom construction industry ［M］. London: H. M. Stationery Office, 1994.

［100］Abednego M P, Ogunlana S O. Good project governance for proper risk allocation in public-private partnership in Indonesia ［J］. *International Journal of Project Management*, 2006（7）: 622 – 634.

［101］A. Ng, Martin Loosemore. Risk allocation in the private provision of public infrastructure ［J］. *International Journal of Project Management*, 2007（25）: 66 – 76.

［102］Armada, M J R, Pereira P J, Rodrigues A. Optimal Subsidies and Guarantees in Public – Private Partnerships ［J］. *The European Journal of Finance*, 201, 18（5）: 469 – 495.

［103］Ashuri B, Kashani H, Molenaar K R, Lee S, Lu J. Risk – Neutral Pricing Approach for Evaluating BOT Highway Projects with Government Minimum Revenue Guarantee Options ［J］. *Journal of Construction Engineering and Management*,

01, 138 (4): 545 – 557.

[104] D Grimsey, MK Lewis. Evaluating the risks of public-private-partnerships for infrastructure projects [J]. *International Journal of Project Management*, 2002 (20): 107 – 118.

[105] Iyer K C, Sagheer M. A Real Options Based Traffic Risk Mitigation Model for Build Operate – Transfer Highway Projects in India [J]. *Construction Management and Economics*, 2011, 29 (8): 771 – 779.

[106] Jergeas G F, Mc Tague R. Construction productivity: an auditing and measuring tool [J]. *AACE International Transactiona*, 2002: 1 – 11.

[107] Laura d'Alessandro, Stephen J. Bailey, Marco Giorgino. PPPs as strategic alliances: from technocratic to multidimensional risk governance [J]. *Managerial Finance*, 2014 (11): 1095 – 1111.

[108] Nunzia Carbonara, Nicola Costantino, Roberta Pellegrino. Concession period for PPPs: A win-win model for a fair risk sharing [J]. *International Journal of Project Management*, 2014 (32): 1223 – 1232.

[109] Pomeranz F. Control construction costs with preemptive auditing [J]. *Power*, 1983, 127 (4): 65 – 67.

[110] Pomeranz F. Pre-emptive auditing: putting the horse before the cart [J]. *Managerial Auditing Journal*, 1987, 2 (3): 3 – 5.

[111] Rice S M. Preward contract audits A claims avoidance procedure [J]. *Transactions of the American Association of Cost Engineers*, 1991, 1 (2): 31 – 33.

[112] Richard Burke, Istemi Demirag. Changing perceptions on PPP games: Demand risk in Irish roads [J]. *Critical Perspectives on Accounting*, 2015 (27): 189 – 208.

[113] Robert Osci – Kyei, Albert P. C. Chan. Review of studies on the Critical Success Factors for Public – Private partnership (PPP) projects from 1990 to 2013 [J]. *International Journal of Project Management*, 2015 (33): 1335 – 1346.

[114] Wyse D D, Malik S. Audit contract provisions and real-time cost reporting in construction contracting [J]. *Journal of Professional Issues in engineering education and practice*, 2005, 131 (4): 297 – 300.

［115］ Antonio Estache，Stephane Saussier. Public Private Partnerships and Efficiency：A Short Assessment ［J］. *Chaire Economic des Partenariats Public – Privé*，2014，Discussion Paper.

［116］ Blank F. F. ，Baidya T. K. N，Dias M. A. G. Private Infrastructure Investment through Public Private Partnership：An Application to a Toll Road Highway Concession in Brazil. http：//www. realoptions. org/abstracts_2009. html，2009 – 06 – 18.